André Mampila Mambu

L'actuelle religiosité en R.D.Congo

André Mampila Mambu

L'actuelle religiosité en R.D.Congo

Effet ou cause de son développement?

Éditions Croix du Salut

Cover image: www.ingimage.com

Publisher:
Éditions Croix du Salut
is a trademark of
International Book Market Service Ltd., member of OmniScriptum Publishing Group
17 Meldrum Street, Beau Bassin 71504, Mauritius

Printed at: see last page
ISBN: 978-613-7-36826-8

INTRODUCTION

Commençons par définir le regard que nous aimerions porter sur le phénomène religieux actuel, en RDC. Ce sera certainement un de sympathique, parce qu'il sera œcuménique.

L'actualité religieuse qui retient l'attention des œcuménistes est celle qui est essentiellement plurielle, à condition que les éléments qui la composent soient chrétiens, de nature ou d'origine. L'œcuménisme ou l'adjectif œcuménique **s'entend** ici dans son sens original de mouvement mondial qui cherche à promouvoir le rapprochement entre tous les chrétiens et leurs Eglises. Le rapprochement n'est pas le but final mais il est une étape intermédiaire. Le but final sera réalisé, lorsque toutes les Eglises parviendront, un jour, à reconnaître, les unes dans les autres, l'unique Eglise du Christ, à exprimer et à vivre, de façon visible, l'unité qui les enserre toutes, en Christ.

Même si, dans notre pays, toutes les nouvelles formations religieuses se nomment facilement Eglises, il faudrait veiller à ne pas en conclure à une homogénéité qui leur soit commune. Ce qui est vrai, c'est que l'actuel phénomène religieux possède plusieurs facettes liées à des origines. Les Eglises varient dans leurs doctrines et pratiques. Aussi n'est- il pas facile de classer les nouvelles Eglises, en se servant de critères déjà définis[1] et connus.

Bien plus, l'observation œcuménique traditionnelle, elle-même, se conçoit et s'organise dans un univers homogène, différent de celui de la RDC du XXIe s. où les formes de christianisme cohabitent avec des religions d'origines diverses. Une autre difficulté pour l'observateur, c'est que les croyances africaines elles-mêmes n'apparaissent plus sous leur forme originale. Elles se sont transformées

[1] Il semble qu'il existe à Kinshasa un bureau de statistiques des Eglises de réveil

en des alliages d'éléments issus de plusieurs univers, chrétien et non chrétien, africain et non africain.

Nous essayerons de nous intéresser à l'ensemble du phénomène religieux tel que nous l'observons là où nous habitons. Nos analyses seront donc limitées et ne s'étendront nullement à toute la RDC.

Nous nous intéresserons aux nouvelles Eglises, celles qui se nomment Eglises de réveil et celles qui se présentent sous d'autres appellations. Elles possèdent toutes un dénominateur commun : l'usage de la Bible, l'opposition aux Eglises établies ou historiques comme l'Eglise catholique et les Eglises protestantes. D'une manière générale et jusqu'à présent, les nouvelles Eglises ne semblent pas manifester un intérêt à la cause œcuménique. En d'autres termes, la recherche de l'unité de tous ceux qui croient en Jésus Christ et de leurs Eglises est loin de s'imposer à leur conscience comme une dimension de l'Eglise qu'il a fondée. Il a, en effet, la veille de sa mort, prié, pour ses disciples, en demandant à Dieu, son Père : « *Je ne prie pas seulement pour eux, je prie aussi pour ceux qui, grâce à leur parole, croiront en moi :* ***que tous soient un*** *comme toi, Père, tu es en moi et que je suis en toi, qu'ils soient en nous eux-aussi,* ***afin que le monde croie que tu m'as envoyé.*** » ***(Jn. 17, 20-21)***

De là, émergent quelques orientations. Nous en retiendrons trois qui seront diversement distribuées dans le corps de cet ouvrage. Les deux premières orientations seront en réalité deux grandes interrogations qui nous renverront au cœur de la religion chrétienne. Nous essayerons de cerner la figure du Christ et la conception du salut qu'à partir de leur lecture de la Bible, les nouvelles Eglises présentent à leurs fidèles. Le troisième et dernier centre d'intérêt sera la façon dont l'actuelle religiosité éveille l'attention de ses adeptes aux problèmes sociaux de leur époque. Ou l'actuelle religiosité a-t-elle un rapport avec le niveau du développement que la RDC a déjà atteint ou auquel elle aspire ? Pour nous, le développement d'un pays ne se confond pas avec la croissance économique. Bien qu'elle doive être prise en compte, quand il s'agit d'apprécier le degré du développement d'un Etat. Le terme de développement implique des transformations profondes qui touchent à tous les aspects de la vie humaine. L'effet principal du développement serait ce qu'on désigne par «le bien être social».

Le foisonnement religieux dont nous sommes tous témoins n'est pas le fait du hasard. Il semble avoir des causes endogènes et exogènes. Parmi les facteurs internes, nous pensons à la politique du parti unique durant tout le règne de Mobutu. Nous sommes d'avis qu'il existe un rapport entre la politique du pays et les formes de religion que prêchent les pasteurs des nouvelles Eglises. Nous sommes enclins à penser que le foisonnement de ces Eglises se situe dans le prolongement de quelques-uns des événements marquants de l'histoire du pays, entre autres, ceux qui sont survenus pendant les dernières années de la présidence de Mobutu. Le comportement des acteurs politiques a, en partie, contribué à la formation de facteurs propices à la transformation actuelle du visage religieux du pays.

Toutes les nouvelles formations religieuses se nomment indistinctement Eglises de réveil. Cette uniformisation, à elle seule, donne à réfléchir. Il n'est, en effet, pas courant, dans l'histoire, que des entités religieuses, apparaissant d'une manière autonome ou ayant des auteurs indépendants, s'alignent toutes sous une même appellation. En outre, leur rapide prolifération bouleverse le paysage religieux du pays d'autant qu'elle suscite des problèmes non encore rencontrés jusque là. Car, par la nouveauté de leurs pédagogies et doctrines, les Eglises de réveil ont l'air de constituer une sorte de front commun contre tout ce que l'on sait de la religion chrétienne et de son histoire.

Nous nous interrogerons sur l'identité ecclésiologique et le noyau doctrinal des Eglises de réveil. Même si, vues de l'extérieur elles nous donnent l'impression d'appartenir au courant évangélique ou pentecôtiste, on ne peut pas en déduire qu'elles soient, dans leur majorité, des variantes ou des avatars du protestantisme traditionnel. Car, tout pluriel qu'il soit, depuis ses origines, le protestantisme traditionnel a conservé, à travers les siècles, un noyau doctrinal identique. On peut le résumer en trois piliers: le premier pilier est la confession de foi en la Sainte Trinité: Dieu en trois personnes, Dieu le Père, Dieu le Fils, Dieu le Saint Esprit; le deuxième pilier est le salut par la foi seule et non par des œuvres ; enfin, le troisième est l'autorité suprême de la Bible en matière de foi et de morale. Voilà le noyau de l'héritage religieux que, d'une façon invariable, les Eglises de la famille protestante transmettent de génération en génération. Cet héritage est aussi commun aux autres Eglises chrétiennes comme l'Eglise catholique romaine. S'en écarter signifierait, pour une Eglise ou un groupe de fidèles, se renier soi-même ou remettre en cause son identité chrétienne. C'est pourquoi, chemin faisant, nous ne manquerons pas de formuler des critiques au sujet de l'enseignement et de la pratique de ces nouvelles formations religieuses. Les points d'ancrage de nos critiques se situeront en dehors des dogmes propres à l'Eglise catholique. Nous prendrons soin de mettre en regard, d'un côté, les positions et les faits attribués aux Eglises de réveil, qui nous paraissent discutables, et de l'autre, les vérités communes à toutes les Eglises chrétiennes en privilégiant ici l'enseignement de la famille chrétienne protestante, dont la plupart des Eglises de réveil semblent s'inspirer. Nous espérons, en procédant de cette manière, réussir à faire relever des points de convergence et de divergences, entre toutes les Eglises chrétiennes, y compris l'Eglise catholique.

Chapitre 1. Croyances religieuses et vie en société

Ce point aura un contour particulier, formé d'éléments provenant de sources multiples, glanés au gré d'observations, de lectures et même d'enquêtes effectuées loin de chez nous ou en dehors de nos frontières. Chaque élément sera sélectionné en fonction de l'éclairage qu'il sera censé apporter à un aspect important de la question que nous nous posons : le rapport de la religion avec le développement d'un pays.

Nous nous permettons de rappeler quelques-unes des performances réalisées, pendant la période coloniale, notamment dans les domaines scolaire et sanitaire. Puis, nous nous appuierons sur les conclusions d'une étude effectuée dans le cadre de la coopération internationale.

Dans notre pays, on n'a jamais cessé de dénoncer la disparition des valeurs et normes éthiques – on parle d'anti-valeurs- et de la dégradation croissante des infrastructures communautaires comme les écoles, les formations médicales, les routes et tout le patrimoine écologique et architectural. Un exemple : depuis le 30 juin 1960, l'Etat n'a construit dans le district de la Lukaya ni route ni école, ni hôpital ou dispensaire. Les bâtiments qui abritent les services du district et le parquet de la Lukaya ont été construits, le premier par un fils de la Lukaya, François Kimasi Matwiku, et le second par quelques boutiquiers de la place, qui voulaient, au départ, en faire le siège de leur chambre de commerce. Nous reconnaissons que, pendant son premier mandat, le président Joseph Kabila a reconstruit une école primaire, celle de Ngeba, construite, pendant la période coloniale par l'Abbé Pierre Kimbondo, avant qu'il ne devînt évêque, lorsqu'il était chargé, comme prêtre itinérant, de la partie orientale du territoire de la mission de Kisantu.

Les faits qui vont suivre sont connus de beaucoup, de ceux qui en furent ou contemporains ou témoins oculaires. Leur rappel sera en quelque sorte une invitation, pour chaque lecteur, à les regarder, désormais, d'une manière lucide afin d'en dégager les rapports qu'ils ont entre eux. D'emblée, on se permet d'affirmer qu'ils faisaient partie d'un grand programme bien réfléchi, conçu afin de favoriser la diffusion d'une conception nouvelle de la vie en société, conception qui est en passe de se transformer en un vaste courant culturel, aux contours encore diffus, une sorte d'arrière-fond de la culture commune de beaucoup de nos compatriotes, en particulier des jeunes générations. Elle pénètre, de proche en proche, toutes les couches sociales, atteignant indistinctement lettrés et analphabètes, étudiants et professeurs, travailleurs sociaux, diplômés d'université et cadres de sociétés - cette dernière frange de la nation, pourtant censée pouvoir émettre un jugement critique sur ce qu'elle vit ou voit vivre- . Aux uns et aux autres se transmet une idée de la religion, de laquelle chacun semble tirer sa façon de nouer ses rapports en société.

En effet, quelle explication rationnelle pourrait-on proposer à la croissance actuelle de l'analphabétisme dans quelques-unes des régions du pays, qui avaient, avant l'indépendance atteint, l'un des taux de scolarité les plus élevés d'Afrique: 52% ? Ce résultat obtenu, avant l'introduction de l'enseignement officiel par l'administration coloniale de tendance libérale, a été la conséquence des efforts conjugués des missionnaires catholiques et protestants. Il revêt, aujourd'hui pour nous, une importance significative, parce qu'il nous apprend quelque chose de l'âme missionnaire, de sa religion telle qu'elle a été annoncée aux populations noires de la colonie belge, en Afrique.

Un autre témoignage de l'action missionnaire appartient au domaine sanitaire. Il date d'avant le 30 juin 1960 : une conférence médicale tenue à Moscou, à l'époque, capitale mondiale du communisme et de l'athéisme militant. Elle devait évaluer la pratique de la médecine préventive en Afrique centrale. Elle a relevé, entre autres, que dans la partie sud de l'actuel diocèse de Kisantu, le dévouement des missionnaires catholiques et protestants avait réussi à éradiquer des maladies liées à la présence de parasites intestinaux[2]. Nous citons ces deux faits à titre d'exemple. Ils illustrent la manière dont ceux, qui ont introduit la Bible dans notre pays, l'ont toujours comprise et enseignée.

En dehors de nos frontières, nous retiendrons deux événements. Le premier événement a eu lieu au Liban et le second est une comparaison entre deux pays, la France et le Maroc, à l'époque de Louis XIV. On a remarqué en 1986, pendant la guerre civile, dans Beyrouth sous le bombardement, une grande différence entre les quartiers de la ville habitées par des musulmans et ceux où vivaient des chrétiens : « *Du côté musulman, des quartiers laissés à l'abandon : maisons effondrées, voitures brûlées, monceaux de gravats à travers les rues... Du côté maronite (chrétiens), les rues étaient dégagées chaque jour, façades protégées par des sacs de sable, épaves évacuées... »*[3]

Nous compléterons ce second témoignage par quelques-uns des résultats de l'enquête réalisée par deux chercheurs belges X.Couplet et D. Heuschenne [4] qui possèdent une grande expérience, dans le domaine de la coopération internationale et qui ont séjourné dans plusieurs pays du Tiers Monde. Ils ont mené leur enquête dans 151 pays. Et pour en évaluer le niveau de développement, ils ont retenu, comme critères, 9 religions et, pour classer les pays étudiés, ils ont choisi entre autres, deux indicateurs: le produit national brut (PNB) et l'indicateur du développement humain (IDH).

---

[2] Selon le témoignage d'un ancien directeur de l'hôpital Saint Luc de Kisantu.

[3] Courriers des lecteurs , « Islam résigné » dans *Actualités des Religions*, no 45, janvier 2OO3, p. 4

[4] X.COUPLET,D.HEUSCHENNE, Religion et Développement, Ed. Economica 1998.

Dans l'interview accordée à un journaliste de *La libre Belgique*[5], l'un des deux auteurs mentionne que ce sont ces deux indicateurs qui ont servi à classer les 9 religions en rapport avec le développement. Pour lui, quand on parle de développement, il y a en premier lieu un rapport avec le phénomène religieux. Celui-ci lui semble primordial. A la question de savoir « Pourquoi le phénomène religieux ? » Sa réponse est sans équivoque : « *Dans le cadre de la coopération belge, j'ai eu l'occasion d'enseigner au Maroc. J'ai constaté que les étudiants ne manifestaient aucune capacité de réflexion. Elle était en effet, dans cette société, considérée comme un élément très négatif parce que pour les responsables religieux, toute critique est jugée destructrice de la société. Or, on peut difficilement réfléchir, répondre à des besoins nouveaux, faire évoluer, sans être amené à critiquer*[6]*…* » *(Ibid.)* En guise d'illustration, il rappelle un fait historique: au temps de Louis XIV, le Maroc était aussi prospère que la France. Mais aujourd'hui, il est 20 fois plus pauvre. « *Or,* poursuit-il, *à part le facteur culturel-religieux, on ne voit pas de raisons pour expliquer cette différence. C'est là une règle générale qui ne connaît pratiquement pas d'exception : chaque aire religieuse a son propre niveau de développement et un seul… La religion semble donc créer une matrice qui ne permet qu'un seul type de développement ou de sous-développement*[7]*.* »

Chaque religion ne promeut qu'un seul type de développement, parce qu'elle imprègne toute la culture du peuple qui la pratique. Couplet et Heuschenne citent à ce propos le jugement sévère d'un médecin tunisien, le Dr Moncel Marzouk, contre la culture de son propre pays « *La culture de l'Islam est schizophrène. Par culture schizophrène, j'entends toute culture dont la fonction est d'être mensonge sur le mensonge, illusion sur l'illusion, délire sur le délire,*

[5] « Comment certaines religions induisent le développement et d'autres le freinent » dans *La Libre Belgique du* Vendredi 9 avril 1999, p. 10

[6] Ibid.

[7] Ibid.

le voile jeté sur l'autre face de JANUS ; tel est le triste sort de notre civilisation »[8]. Cette culture, qui ferait du mensonge une règle de vie en société ou une règle de sa gestion, sécrèterait, parmi les habitants d'un pays, un climat de méfiance réciproque et, à la longue, un comportement d'indolence, d'inaction, voire un penchant à l'anarchie et à l'irresponsabilité. Dans de telles conditions, il n'est pas facile de résister à la corruption ou d'en empêcher l'expansion à toutes les couches de la société.

La culture politique de certains Etats d'Afrique, dont la RDC, ne semble-t-elle pas correspondre à la définition que le Dr Moncel Marsouk donne de la culture des Etats islamiques? En effet, durant le premier mandat de Mr Joseph Kabila, il a été souvent question de «CINQ CHANTIERS». Et, par la suite, durant son second mandat, les discours et déclarations des dirigeants politiques, en RDC, véhiculent un nouveau concept: « la REVOLUTION DE LA MODERNITE ». Aucun discours ou déclaration publique ne prend fin avant d'avoir proclamé que son esprit et sa lettre vont dans le sens de ce que le président Kabila entend par « LA REVOLUTION DE LA MODERNITE».

Or, cette habitude de manier, à toute occasion, les mêmes mots ou expressions, rappelle étrangement quelques-uns des slogans du parti unique, le MPR, au temps de Mobutu : la « RADICALISATION DE LA REVOLUTION et « la REVOLUTION- COMPARAISON ». Qui pourrait nous expliquer, aujourd'hui le sens de tout cela? De même, « LES CINQ CHANTIERS » et « LA REVOLUTION DE LA MODERNITE» sont, paraît-il, deux programmes socio-économiques. On aimerait, ne fût-ce que, pour nourrir sa curiosité, mettre la main sur un document où se trouvent définis les objectifs de chacun de ces deux plans, à court et long terme, la période d'exécution de chaque plan et son coût et enfin l'évaluation de son exécution.

[8] Cité dans Religion et développement, p.214

Les discours et déclarations, qui exaltent le développement économique du pays, nous laissent l'impression que leurs auteurs se présentent en exemple, puisqu'ils apprécient la situation générale de la nation non par rapport au niveau de vie du commun des citoyens, mais uniquement par rapport à leur propre train de vie: l'accumulation par eux-mêmes et leurs proches de biens meubles et immeubles, depuis qu'ils participent à la gestion du pays.

Il peut exister, dans un pays sous-développé, des zones plus développées où des minorités jouissent d'un niveau de vie égal à celui de la moyenne des citoyens d'un pays développé. Mais le développement humain n'est pas un privilège réservé à une caste, ni à une seule classe sociale. Il est inclus, comme une exigence vitale, dans la vocation commune à tous les humains. Chaque personne est créée capable d'atteindre un niveau de développement optimal de ses facultés humaines, afin de contribuer efficacement au développement général de son pays ou de sa nation.

Par ailleurs, l'existence de zones plus développées, dans un pays sous-développé témoigne contre elle-même, parce qu'elle ne présente pas un cas rare, mais un choix politique, délibéré des dirigeants du pays, qui érigent le dysfonctionnement en règle de gestion d'un Etat, et cela, dans le seul but de maintenir les pauvres dans leur misère et les riches dans leur opulence ostentatoire.

Du fait qu'ils imprègnent profondément le mental, les facteurs religieux culturels influent non seulement sur l'économie mais aussi sur la vie politique d'un pays ou d'un ensemble de pays ayant majoritairement une même religion. Ainsi par exemple, l'Australie, la Nouvelle Zélande, l'Argentine et le Chili sont situés à la même latitude. Néanmoins les deux premiers pays qui sont protestants sont « *deux exemples de sagesse et de stabilité constitutionnelles* tandis que les deux autres pays qui ont une majorité catholique *sont familiers des désordres et incapables de se doter d'un régime démocratique permanen[9]t.»*

La démocratie est un choix politique. Il répond à l'idée que l'on a de la personne humaine. De par sa nature, celle-ci doit vivre en société. De même, le savoir vivre en commun est une conquête à faire chaque jour, et à toutes les saisons, en toute indépendance et par chaque génération. La visée d'un parti politique et démocratique sera toujours celle de vouloir transformer la société, par des institutions appropriées, en une sorte d'écosystème, en dehors duquel, aucun de ses membres ne saurait satisfaire ses aspirations les plus légitimes.

Un régime policier ou dictatorial ne se démocratise pas du jour au lendemain, ou au gré des humeurs ou des discours ronflants. Aussi est-ce un leurre de croire que par des discours mielleux, on parvient à changer rapidement l'opinion que le monde se fait au sujet d'un pays et de ses dirigeants.

Lorsque, par exemple, Mr BARAK OBAMA avait été élu président des USA, beaucoup d'Africains se mirent à rêver d'une Amérique se penchant, en priorité, sur les problèmes des peuples noirs d'Afrique. Quelques-uns allèrent même plus loin dans leur rêve, jusqu'à espérer voir, dans un avenir très proche, le premier noir devenu président des USA entreprendre un grand périple à travers tous les Etats de l'Afrique. Il aurait, alors, apporté ou son désaveu ou sa caution aux dictateurs et potentats qui réduisent en parias leurs concitoyens.

Or, au cours de son premier mandat, en grand démocrate, il n'a été en visite d'Etat que dans un seul pays africain, le Ghana, pays en majorité protestante, où, depuis le coup d'Etat qui a renversé le premier président et père de l'indépendance, Kwame Kruma, l'alternance au pouvoir se fait sans heurt. De

[9] Ibid.

plus, jusqu'à ce jour, on n'a jamais entendu parler, à propose de ce pays, de révision de la constitution ou de la loi électorale, en fin de mandat présidentiel, afin de garantir le maintien, à la tête du pays, d'une personne prétendument charismatique. Enfin, si les signes sont toujours un langage éloquent, c'est parce qu'ils ne trompent pas ; on l'a remarqué, pendant le diner, que le Président des USA a offert aux dirigeants africains, à la clôture de la conférence Afrique-Amérique (2015) : à sa table, près de lui étaient assis le chef d'Etat ghanéen en exercice et ses deux prédécesseurs. Cela se passe de tout commentaire.

Chapitre 2. Lecture des écrits sacrés

a. La Bible lue par les Juifs et les chrétiens

Au regard des indicateurs, PNB et IDH choisis par les deux chercheurs belges en vue de classer les religions, vient, en tête du classement, le judaïsme, en tant que religion qui possède le plus grand nombre de facteurs qui stimulent positivement le développement. *« Viennent ensuite, en ordre décroissant, les familles religieuses confucianiste, protestante, catholique, orthodoxe, musulmane, bouddhiste, hindouiste, animiste. Où que l'on aille, le classement est presque le même dans toutes les entités.»*[10] Voici ci-dessous la reproduction du tableau représentant la **corrélation entre les religions et les indicateurs de développement.**

Pays de religion	Nombre de pays	Moyenne des PNBH ($		Moyennes des IDH	
		($1993)	(%)	($1993)	(%)
Juive	1	13400	100,0	0,908	100,0
Confucianisme	7	12556	93,7	0,834	91,8
Protestante	23	10809	80,6	0,728	80,1
Catholique	46	4635	34,6	0,757	80,0
Orthodoxe	12	1720	12,8	0,723	79,6
Musulmane	35	913	6,8	0,528	58,1
Bouddhiste	8	591	4,4	0,514	56,6
Hindouiste	1	360	2,7	0,436	48,0
Animiste	10	332	2,5	0,327	38,5

Arrêtons-nous, un instant, et, examinons quelques-unes des religions qui figurent dans ce classement, afin de faire ressortir la spécificité de chacune d'elles et leurs points de convergences et de divergences. Nous commencerons par le Judaïsme qui tient la première place au palmarès des PNB et IDH. Le secret de la performance exceptionnelle des Juifs se trouve principalement, à ne

[10] Religion et développement, p.16

pas en douter, dans leur manière de lire et d'interpréter les textes bibliques. La Bible est leur livre. Elle n'a pas été écrite en Afrique, ni par des Africains, ni par des Européens, non plus. D'un bout à l'autre, elle est un assemblage de petits écrits, dont les auteurs sont pour la plupart des Juifs. Ce sont eux qui l'ont transmise aux Chrétiens et à toute l'humanité. En la lisant, les Juifs y recherchent leur propre histoire et celle du monde, tandis que les Chrétiens y recherchent l'histoire de Jésus et une doctrine de salut. C'est donc dans la méditation de la Bible que les Juifs trouvent la principale source d'inspiration de leur culture d'excellence.

Prenons un exemple afin de nous rendre facilement compte de la manière dont un Juif lit la Bible: Gn 1,26 : « *Faisons l'homme à notre image…* », nous lisons, relisons et commentons ce bout de phrase, sans toujours en tirer une nouvelle idée ou une nouvelle leçon éthique, alors que pour un lecteur juif, il en va autrement. Quand Dieu dit : *« Faisons l'homme…»*, il invite celui-ci à entrer *« dans un partenariat permanent avec son Créateur », «à se faire », «à se refaire »*. Mais « *faire* » implique immédiatement la possibilité d'un *«défaire»*, *« d'une défaite ou d'une « chute » qui n'exclut en rien la victoire d'un « refaire », voire même d'un « parfaire »* L'anthropologie que l'on peut développer à partir de cette lecture de « *Faisons l'homme…* » sera le contraire *«d'une vision historique figé[11]e»*. Ce bout de phrase « *Faisons l'homme…* » semble contenir, en germe, le développement ultérieur de toute l'histoire tumultueuse des relations de Dieu avec sa créature humaine, celle que la Bible raconte.

Ce que les Juifs appellent la Bible, la Torah ou la Loi, ce sont les cinq premiers livres de la Bible ou le Pentateuque, traditionnellement attribué à Moïse, fondateur de la nation et religion juives. La Bible juive n'est pas écrite en grec

---

[11] Philippe HADDAD, Quand Jésus parlait à Israël, une lecture juive des paraboles, Mediaprint 2010,p.39

mais en langue hébraïque dont l'alphabet compte 22 lettres. Chaque lettre correspond à un chiffre qui n'a pas de signification arithmétique. « *Ils désignent différents aspects de l'énergie vivante à l'œuvre dans l'univers et le texte a pour but de projeter ces forces dans nos êtres, ce qui, à proprement parler, est la* ***révélation****… Ils ne racontent pas des événements qui sont censés avoir eu lieu dans le passé, la vie est toujours « maintenant» et s'il existe une révélation, elle ne se produit que lorsque le processus vital fait irruption en nous.* [12]» L'auteur présente une manière dynamique de considérer la révélation. Bien que son point de vue soit individuel, il ne nie pas néanmoins, qu'il y ait eu, avant lui, des hommes appelés prophètes qui avaient mis par écrit la révélation reçue de Dieu. Et leurs écrits sont devenus pour les générations suivantes le moyen privilégié de refaire l'expérience d'une révélation. L'auteur se souvient que l'existence d'Israël est bâtie sur la parole prophétique et que la conquête de la Palestine par Alexandre le Grand a marqué la fin du prophétisme. Comment peut-on expliquer, alors que tous les peuples de l'Antiquité ont disparu, Israël n'ayant plus de prophètes continue de survivre? C'est en scrutant la Tora et les écrits des prophètes que chaque Juif fait, par lui-même, l'expérience de la révélation.

Alors, dans la Bible que nous connaissons, qu'est-ce qui est « révélé » ? Chaque mot que nous y lisons est-il sorti de l'esprit de Dieu? Voici la réponse d'un savant Juif, Abraham [13]Heschel : « *La Bible ne contient pas seulement des récits de ce qui s'est passé au moment de l'inspiration prophétique ; elle relate également des actes et des paroles de l'homme.* ***Il est faux de soutenir que tous les mots de la Bible proviennent de l'esprit de Dieu.*** ». L'homme entend et comprend, à la manière humaine, ce qui provient de l'esprit de Dieu. Il l'exprime en des mots humains, empruntés à la langue qu'il a en partage avec ses contemporains, et, qu'il parle à la manière de ses contemporains. Cela est la

---

[12] CARLOS SUAREZ, la Bible restituée, éd du Mont Blanc, Lausanne-Genève, 1967, p., 56
[13] Dieu en quête de l'homme. Philosophie du Judaïsme, Seuil, Paris, p.276

condition pour se faire comprendre de ces derniers, d'abord et, ensuite, des générations futures. Enfin savoir que tous les mots écrits dans la Bible ne sont pas provenus de l'esprit de Dieu ne détruit en rien son caractère sacré mais insiste sur la compréhension du message prophétique par des hommes. Ils en sont les destinataires mais ne remplacent pas le prophète.

En disant que tous les mots écrits dans la Bible ne sont pas sortis de l'esprit de Dieu, on ne désire [14](note à rapporter à la citation, en fin de ce §) nullement affirmer que n'importe quel lecteur de la Bible puisse s'autoriser, en expliquant un passage ou quelques versets, à en changer, avec ses propres mots, toutes les paroles écrites qui, en plus de leur poids historique de plusieurs siècles, *«sont les seuls témoins permanents de ce qui a été transmis aux prophètes.»(note 14)*

Dans leur étude de la Bible, les Juifs distinguent la Tradition écrite ou la Torah écrite et la Tradition orale. Ce ne sont pas deux Torah. La Torah est unique et se transmet sous deux formes. La Torah orale englobe la Torah écrite. C'est la première qui donne l'interprétation de la seconde, en vue de répondre aux questions de l'heure[15]. *« C'est donc la Torah orale qui, dans la Parole totale de Dieu, a le premier et le dernier mo[16]t.* »

La transmission fidèle de la Torah est assurée par la relation maître-disciple. L'ancien disciple devenu maître transmet à son ou ses disciple(s) ce qu'il a lui-même appris auprès de son Maître, qui est un maillon de la longue chaîne de transmetteurs. Il remonte jusqu'à Moïse. C'est lui le premier Maître qui a reçu la Torah de Dieu sur le mont Sinaï et qui l'a transmise à son disciple, Josué. L'acte de recevoir la Torah de Dieu est un mystère, ce n'est pas un acte historique,

---

[14] Ibid. p. 280

[15] Ib. Bis, (erreur à corriger)

[16] Pierre Lenhardt, Voies de la continuité juive. Aspects de la relation maître-disciple, dans RSR t.66,1978,n04, pp. 490-516

tandis que sa transmission, son explication sont des faits appartenant à l'histoire d'Israël. Les interprétations de la Torah écrite, au cours des siècles, ne sont pas des innovations mais des explicitations de ce qui y est implicite ou en germe. L'effort continu d'expliquer la Torah écrite « *assure à la Torah orale plus* d'ampleur, d'envergure et de dynamisme. » C'est pourquoi on dit qu' « elle *englobe la Torah écrite ; elle est préférable* »[17]. L'effort continu d'expliquer la Torah écrite, par le procédé du rapprochement, afin d'en trouver des applications à certaines situations de l'heure, constitue, semble-t-il, un point de rencontre entre le Judaïsme et le Confucianisme qui enseigne : « *le bon maître est celui qui tout en répétant l'ancien est capable d'y trouver* du *nouveau*[18]. »

A côté de la Torah écrite, existe un immense recueil de textes appelé Talmud. Ce sont des commentaires écrits, au cours d'un millénaire, par des générations de Rabbins (+ de 12.000). Comme il est rare qu'une œuvre de compilation ne contienne pas de contradictions, redites, voire de questions demeurées sans réponse, le Talmud ne fait pas exception. Il s'ensuit que l'étude du Talmud et celle de la philosophie qui s'en inspire sont un facteur propice à l'acquisition, par de jeunes Juifs, d'un niveau élevé de subtilité d'esprit. C'est cette aptitude qui les dispose à aborder, avec une certaine aisance, n'importe quel domaine du savoir, et à s'adapter aux conditions diverses de la vie. Ainsi, bien que l'ensemble de Juifs vivant dans le monde ne représente que 0,34% de la population mondiale, ils ont, à eux seuls, reçu plus de 20% des prix Nobel discernés jusqu'en 1998[19]. Peut-on, en outre, sous estimer les apports de *Karl Marx, Freud, Einstein* au développement actuel du monde[20]?

---

[17] Pierre Lenhardt, ibid. ; Alexandre Safran, la Cabale, éd. Payot,Paris, 1972, p.40-58 ; Abraham Heschel, Ib. p.181-286

[18] Cité dans Religion et développement, p.79 à comparer à : «… tout scribe instruit… est comparable à un maître de maison qui tire de son trésor du neuf et du vieux.(Mt 13,52)

[19] Religion et Développement, p.70

[20] Ibid. p. 76

Avançons et prenons un autre verset de la Bible, celui qui parle du prêt à intérêt en Dt.23, 20-21 : « *…à l'étranger tu pourras prêter à intérêt, mais tu prêteras sans intérêt à ton frère.* ». Ce verset fut, pendant des siècles, diversement compris par les Juifs et par les chrétiens. Jusqu'au XVIe siècle, les chrétiens mettaient uniquement l'accent sur l'interdit, sans aucune mention de cas d'exception ; en revanche, les Juifs pratiquaient le prêt à intérêt aux non-juifs par fidélité à la lettre de la loi divine, édictée par Moïse. Et comme il leur était, partout, interdit d'exercer un certain nombre de métiers qui étaient, alors, réservés aux chrétiens, et comme la plupart d'entre eux habitaient dans des villes, ils se livraient aux études, au commerce, aux professions libérales, à la pratique du change et du prêt à intérêt. Ce fut pour eux la voie vers la création des premières banques et le contrôle de la plupart des grandes places financières en formation dans le monde.

Au XVIe siècle, la scission survenue au sein du christianisme occidental avait eu des causes avant tout spirituelles: en leur centre se trouvait la question de salut de chaque croyant. Sa formulation avait été favorisée par une manière nouvelle de lire la Bible, manière différente de la méthode traditionnelle ou scolastique qui était en usage dans toute l'Eglise catholique et encouragée par les autorités romaines.

Les Pères de la Réforme protestante, tout en recourant à l'étude des langues anciennes (grec, araméen, syriaque, etc), et à la science philologique remise en honneur par les humanistes, avaient redécouvert un principe exégétique autrefois pratiqué par les Pères de l'Eglise : « expliquer la Bible par la Bible ». Les Pères de l'Eglise ne l'avaient pas inventé mais emprunté, comme on vient de le voir, à l'exégèse juive ou rabbinique. Notre Seigneur Jésus Christ lui-même et tous les auteurs du Nouveau Testament s'en étaient servis. Donc la lecture chrétienne de la Bible est en continuité avec la lecture juive[21], parce qu'elle explique la Bible par la Bible. La conviction qui sous-tend ce principe tient au caractère divin de la Bible. Du fait qu'elle contient la Parole divine, elle doit comprendre des passages qui possèdent sûrement, un autre ou des sens autres que leur sens littéral ou obvie. C'est pourquoi la visée d'un maître sera donc toujours, par le procédé du rapprochement, de faire jaillir, d'un verset ou d'un terme, des sens demeurés cachés. Par ce procédé il tentera d'expliquer un passage obscur ou difficile par un autre plus compréhensible; il parviendra ainsi à faire émerger, du premier texte, des significations nouvelles, différentes de son sens obvie.

Jean Calvin, qui est l'un des réformateurs, se servit de ce principe pour expliquer Dt 23,20-20. Il le rapprocha de 2Th3, 10b-13 « *si quelqu'un ne veut pas travailler qu'il ne mange pas non plus.* » Jean Calvin était un esprit pragmatique et non dogmatique. Selon lui, la Bible ne nous demande pas une soumission aveugle et passive. Nous devons donc l'interpréter d'une manière dynamique afin de résoudre les problèmes moraux d'une époque. Vivant à Genève qui était déjà, en son temps, une des grandes places financières d'Europe, il en vint à déclarer licite « l'argent né de l'argent ». La levée de l'interdit du prêt à intérêt permit aux protestants de s'occuper activement, à l'instar des Juifs, des finances et de jeter les bases des premières chaînes de grandes banques[22].

Si le judaïsme influence positivement le développement, c'est qu'il contient 75% d'occurrences positives, alors que le catholicisme et l'orthodoxie qui occupent le centre du classement n'en contiennent que 15%. Que pourrait-on

---

[21] Michel Remaud, Evangile et tradition rabbinique, éd. Lessius, Bruxelles,2003, voir en particulier p.161-170 ; la position officielle de l'Eglise catholique se trouve dans Commission biblique pontificale, Le peuple juif et ses saintes écritures dans la Bible chrétienne ; Préface par le cardinal Joseph Ratzinger., éd. Cerf, Paris,2001

[22] Religion et développement, p. 125

dire, par rapport au développement de l'Afrique, des pratiques religieuses d'origine ancestrale, qui connaissent actuellement un regain d'intérêt?

On aurait raison de se poser cette question, puisque de nouveaux prédicateurs y recourent, sans discernement, pour enrichir leur explication des textes bibliques. Or, la religion animiste qui est le tronc commun des cultures africaines se trouve en dernière position, dans le classement des religions ayant un impact positif sur le développement.

b. Le Coran et les musulmans

Nous avons déjà noté que pendant la guerre à Beyrouth, on avait remarqué une grande différence de comportement entre les chrétiens et les musulmans. Derrière cette différence s'en cache une autre qui, elle, est fondamentale. C'est la façon de penser la révélation. Les Juifs et, à leur suite, les Chrétiens font de la révélation une approche différente de celle des Musulmans. Selon l'approche chrétienne, la Révélation se déploie dans l'histoire - pour la déchiffrer, l'homme doit faire appel à toutes ses facultés de connaissance-, tandis que pour le Musulman, la révélation se présente comme un bloc fermé, descendu du ciel vers l'homme qui, pour l'étudier, aura essentiellement besoin de sa mémoire. Le premier devoir du croyant ne consiste pas à décrypter le texte du Coran mais à le mémoriser et à s'y soumettre. Non seulement le Coran comme livre est sacré, mais aussi n'importe quel bout de papier sur lequel est inscrit un verset coranique, ainsi que l'esprit de l'homme qui mémorise le texte du Coran. C'est pourquoi pour la majorité des Musulmans, l'esprit critique est jugé dangereux et subversif, donc incompatible avec la piété religieuse.

Les Musulmans et les Juifs ont un ancêtre commun: Abraham qui est, pour eux et, aussi pour les Chrétiens, le modèle du croyant. Pour les fidèles de l'Islam,

Abraham est le premier musulman, le premier « soumis ». Les Juifs comme les Chrétiens disent aussi qu'Abraham est le modèle de la foi au Dieu unique. Mais les Juifs pensent autrement la soumission d'Abraham. Pour eux, leur ancêtre est, dans toute l'histoire de l'humanité, le premier croyant qui a osé contester un décret divin, celui qui concernait la destruction de Sodome et Gomorrhe, comme chacun peut le lire en Gn., 18, 22-33. Il semble que les Juifs aient bien conservé ce trait d'esprit de leur ancêtre. Là, se trouve donc, une autre différence entre Juifs et Musulmans.

Ce n'est pas la dernière: une Télévision étrangère nous a fait, un soir, en juillet 2003, assister à une discussion entre un Musulman et une Juive: « Moi, affirmait le Musulman, chaque fois que je prie, je commence par me rappeler la fuite du prophète vers la ville sainte de Médine ». « Toi », répliqua la Juive, « tu vis dans le temps, tandis que moi je vis dans l'éternité. Je suis consciente de porter en moi plusieurs siècles d'histoire; nos rabbins nous rappellent, dans nos synagogues, l'enseignement de Moïse à Israël quand il se trouvait encore aux pieds du mont Horeb » : « *le Seigneur notre Dieu a conclu alliance avec nous à l'Horeb. Ce n'est pas avec nos pères que le Seigneur a conclu cette alliance, c'est avec nous, nous qui sommes là aujourd'hui, tous vivants.»* (Dt, 5, 2-3). «Pour moi», continua la Juive, « Abraham, Moïse, Jacob et tous les autres ne sont pas seulement mes ancêtres, ce sont aussi mes contemporains ».

Ceux qui approchent les Juifs savent qu'ils attendent un Messie. Il est l'objet de leur espérance. Mais ils l'attendent en préparant sa venue par un double travail : celui qu'ils accomplissent en eux-mêmes, pour mieux vivre leur identité juive, et, celui qu'ils accomplissent, dans la société dont les arts et les sciences bénéficiant de leurs contributions acquièrent, de jour en jour, plus d'éclat.

Certains de nos compatriotes qui s'attribuent le titre de pasteur, prétendent enseigner la Bible sans pour autant passer par une école de théologie. Il y en a même qui vont jusqu'à dire qu'avec l'Esprit qui les inspire, ils la comprennent mieux que certains théologiens. On peut les croire …, puisque l'Esprit souffle où il veut et quand il veut (cfr. Jn 3,8). Son action ne se limiter pas aux frontières des Eglises historiques, de celles qui possèdent des origines missionnaires comme les Eglises catholique, orthodoxe et protestantes du pays.

Cependant, dans l'interview publiée dans le journal la Libre Belgique, l'auteur rapporte une comparaison entre deux pays islamiques : l'Arabie Saoudite et la Turquie. Le premier pays est très riche, parce qu'il est un grand producteur de pétrole, tandis que le second pays, la Turquie est moins riche mais possède, en revanche, un indice de développement humain supérieur. La raison de cet écart réside dans l'interprétation rigide et fondamentaliste[23] du Coran par les responsables religieux de l'Arabie Saoudite.

Par ses effets, on l'aura remarqué, le fondamentalisme semble déterminer l'atmosphère politique et religieuse d'un pays. De manière égale, il se mélange à la religion et à la politique. Cela se vérifie partout où l'appareil de l'Etat se montre hostile à la culture démocratique. Il apparaît aussi là où existe une religion majoritaire et dominante. Dans ce cas, la politique, au lieu de conduire son action avec des moyens propres, se tourne vers la religion pour lui emprunter son langage et ses méthodes. Elle lui cède tout l'espace public. Et en imprégnant tout le mental des citoyens, la religion aura tendance à se comporter en maîtresse incontestée et envahissante. Notons, à ce propos, que l'Islam qui se

---

[23] « Le mot fondamentaliste est d'origine américaine. Il se rattache directement au Congrès biblique américain qui s'est tenue en 1895 à Niagara, dans l'Etat de New York, où les exégètes protestants définirent les points fondamentaux de l'enseignement chrétien. Ce courant, toujours puissant aux Etats Unis (surtout dans les Eglises baptistes et pentecôtistes), demeure attaché à l'inerrance verbale de l'Ecriture et à son infaillibilité. Il est relayé aujourd'hui par les créationnistes, qui récusent l'hypothèse darwinienne de l'évolution et veulent prendre à la lettre l'enseignement des premiers chapitres de la Genèse. » Cf. C.GEFFRE, « La lecture fondamentaliste de l'Ecriture », *Etudes*, décembre 2002, p. 637

répand de plus en plus dans notre pays, est celui du fondamentalisme d'Arabie Saoudite. Cela ne semble pas annoncer de beaux jours pour notre pays et un avenir radieux pour sa jeunesse qui s'islamise. Que dire des Eglises de réveil qui qui affectionnent une lecture fondamentaliste de la Bible ?

Chapitre 3. La politique religieuse au Zaïre (en RDC)

a. Mobutu et le mobutisme

Dans notre pays, dès les premiers jours de l'indépendance, les discours politiques sont souvent émaillés de références religieuses d'origine biblique et chrétienne. L'un des exemples les plus significatifs est le discours prononcé par le général Mobutu, en 1973, lors de l'inauguration de la première session de l'Institut idéologique du parti unique, le M P R. Selon l'esprit et la lettre de ce discours, les cadres du parti devaient uniquement servir de relais à l'idéologie qui était « le mobutisme ».

A l'instar de la religion chrétienne dont le dogme central, celui de la sainte Trinité, a été défini une fois pour toutes, le mobutisme devait se transmettre à tous les échelons du parti sans rien y ajouter ni en retrancher. Ce fut de cette manière que Mobutu conduisit, 30 ans durant, la politique du pays, empruntant continuellement aux textes sacrés du Christianisme des arguments jugés utiles pour enrichir son discours et orienter son action politique. De cette façon il imposait à son entourage et ses collaborateurs l'image d'un monarque de droit divin et d'un pontife infaillible.

Ne nous contentons pas de repérer des références bibliques dans le discours de 1973 prononcé à l'inauguration de la première session de l'institut idéologique. Il convient d'aller plus loin jusqu'à cerner, autant que faire se peut, sa source d'inspiration et l'intention qui se trouvait derrière. Car, comme nous le reverrons dans quelques instants, comment celui qui avait interdit, dans les documents de l'Etat et dans tous les lieux publics, la présence des prénoms et symboles chrétiens, fut-il celui qui compara l'idéologie de son parti au dogme chrétien de la Sainte Trinité? Il en faisait un moyen pédagogique destiné à facilement répandre l'idéologie du MPR.

Une chose importante est à signaler ici : ce sont les circonstances de ce discours. Mobutu le prononça, à un moment crucial de l'histoire de la pensée chrétienne en Afrique, au moment où, dans tous les cercles théologiques et dans tous les évêchés, les débats sur l'inculturation et la théologie africaine étaient des plus animés. Alors deux hypothèses possibles: ou bien, Mobutu désirait que son discours fût la contribution d'un chrétien catholique pratiquant, aux débats des théologiens. Ou bien, il voulait montrer que lui qui n'était pas théologien possédait, dans le champ de l'inculturation, une longueur d'avance sur l'épiscopat qui peinait encore à réussir ses premiers essais à présenter au peuple chrétien. Par toute sa facture, le discours de Mobutu représentait une véritable tentation pour les chrétiens. Dans tous les cas, il y avait là, un risque de vouloir identifier le régime de Mobutu, sinon à l'anticipation de la phase visible du Royaume des Cieux, du moins, à une médiation nécessaire à sa réalisation définitive, sur la terre. Donc à ses propres yeux, Mobutu ne se considérait pas seulement comme un homme politique mais aussi comme un véritable envoyé de Dieu.

La réaction des chrétiens au discours de Mobutu ne fut pas unanime. Les avis furent partagés. Les uns moins nombreux mais fidèles à la radicalité de l'Evangile et, par souci de conserver leur liberté de pensée et d'expression, surent demeurer lucides vis-à-vis des idées du parti et du régime de Mobutu. Mais, en public, ils adoptaient, le cas échéant, le même comportement que tous les Zaïrois. Leur chef de fil, parmi les évêques fut le cardinal Malula.

Quant à ceux qui s'étaient laissés séduire, ils s'empressèrent d'adopter les catégories de pensée, le langage des idéologues et militants du parti, à tel point que Mobutu lui-même s'en plaignit publiquement, une fois, à l'occasion de la fête du cinquantenaire sacerdotal d'un évêque : « *Messeigneurs, quand je viens dans vos églises, voyez en moi un chrétien. Comme tous les chrétiens, je viens écouter la parole de Dieu et non la même rengaine que me débitent régulièrement les cadres du parti.*[24]»

Il faudrait malheureusement reconnaître que le régime de Mobutu n'est pas mort. Son remplacement par un autre régime n'entraine pas automatiquement un changement de mentalité, de style de vie, de tournures d'esprit ou de catégories de pensée. Les acquis de l'ère Mobutu précieusement conservés dans la conscience collective influenceront encore longtemps le choix des moyens d'action de ceux qui, hier, accueillaient, comme venant de Dieu, les actes et paroles du guide de la révolution zaïroise et qui, aujourd'hui, deviennent des fondateurs d' Eglises ou s'autoproclament pasteurs. Ils recourent aux méthodes du MPR, dans leurs rapports avec le peuple. A chaque fois, comme se comportaient les cadres du MPR, ils veillent à garder avec lui, les mêmes rapports de supérieur et d'inférieur. Ils le traitent avec condescendance.

b. Mobutu, un africain authentique.

La réalité religieuse actuelle est un fait de société. Qu'on le veuille ou non, il faut compter avec elle. Elle est l'une des composantes de la mondialisation qui, indistinctement, répand son influence dans toutes les sociétés de notre époque, Son expansion, chez nous, comme fait social, semble avoir eu, tout au début, des rapports avec la politique générale du pays.

---

[24] Réaction du président Mobutu à l'homélie prononcée, pendant la messe, par l'évêque jubilaire du diocèse de Buta.

Nous ne sommes pas loin de l'époque où, dans certains milieux, parler de la religion chrétienne, semblait témoigner d'un esprit rétrograde. Au temps où, comme on vient de le lire, le président Mobutu décrétait la suppression des prénoms chrétiens, la disparition des crucifix et d'autres symboles chrétiens dans les édifices et lieux publics, au temps où il arrachait à l'Eglise catholique son université Lovanium, la première université catholique, en Afrique, et aux Eglises protestantes, leur université de Kisangani, il ne faut cependant pas croire que par sa politique, il créait un vide religieux, puisqu'il encourageait tout à la fois le retour aux croyances ancestrales et l'entrée dans le pays, de nouvelles spiritualités.

En effet, au moment où le cardinal Malula expulsé de sa résidence se rendait en exil forcé à Rome (1971), il était de bon ton, pour les classes dirigeantes du pays, de s'afficher athée, animiste, partisan de croyances ancestrales, adepte de magie blanche, indienne ou noire. Et en particulier, dans les milieux proches de la présidence de la République, on parlait déjà, à cette époque, de premières infiltrations de la « Mahikary », qui fut introduit au Kongo central par ceux qui avaient fait leur initiation, pendant qu'ils étaient attachés aux services de la présidence de la République. Il y était aussi question de la Foi universelle Baha'ie, du message de Craie, de la présence d'adeptes de sectes sataniques, de spiritualités ésotériques, etc.

A la même époque, une femme italienne du nom d'Angela séjournait régulièrement à Kinshasa (1984-1988) ; elle y venait plusieurs fois, par an, parce qu'elle se trouvait en relation d'affaires avec des Zaïrois. Elle les avait connus, les uns à Rome où elle résidait, les autres pendant ses nombreux séjours à Kinshasa. Elle était en réalité une commissionnaire et non une déléguée commerciale d'une société italienne. Elle collaborait avec plusieurs maisons de Rome. Elle venait chercher des commandes. Au cours de l'un de ses séjours, à

Kinshasa, elle avait été chargée, par le Secrétariat général de l'Episcopat, de faire fabriquer des objets de piété à l'effigie de la martyre zaïroise, Marie Clémentine Anuarite Nengapeta, dont la béatification eut lieu, en 1985, au premier jour de la seconde visite, au Zaïre, du Pape Saint Jean Paul II.

Un jour, elle vint dans mon bureau avec une brochure qu'elle voulait me montrer. Mais avant de le faire, elle commença par me raconter ce qu'elle avait vu, la nuit précédente, dans la maison d'un de ses amis où elle avait l'habitude de demeurer, pendant ses séjours kinois. La maison appartenait à un cousin d'un dignitaire du régime, à l'époque, directeur adjoint du bureau de la Présidence de la République. Cette nuit-là, elle fut tirée de son sommeil par une musique douce et une lueur étrange qui provenaient du salon. Ce qui éveilla sa curiosité. Elle se mit alors à regarder par le trou de la serrure, elle eut la surprise de voir ses hôtes, époux et épouse, debout et nus, entourés de flammes qui semblaient les lécher et ne les consumaient pas. Au matin, elle décida, en évitant d'éveiller l'attention de ses hôtes, de découvrir, par elle-même, la signification de ce qu'elle avait vu, la nuit. Au salon, elle remarqua un lot de brochures déposées sur une petite table, non classées. Elle en prit une, en vue de me la montrer. La brochure était destinée aux adorateurs de Satan. Elle conclut son récit en me disant : « Voilà ce qui empêche votre pays de commencer son développement.»

c. Mobutu et le monde universitaire

Comment concilier tout cela avec l'intérêt que Mobutu portait au monde universitaire? Il le manifesta assez tôt, dès qu'il se fut hissé au premier plan de la scène politique du pays. Il fit appel à des cadres ayant une formation universitaire. En 1960, après qu'il eut neutralisé le président Joseph Kasa Vubu et son premier ministre Patrice Emery Lumumba, il forma son premier gouvernement, nommé *collège de commissaires*, avec de jeunes cadres fraîchement sortis de l'université. Pendant tout le temps qu'il demeura à la tête du pays, il veilla constamment à s'assurer de la collaboration de cadres diplômés d'université, voire de professeurs d'université dans son cabinet, dans le gouvernement et les structures de son parti Une constance qui pouvait faire croire à l'homogénéité de son entourage et qui fut, en réalité, une illusion minutieusement entretenue. L'ouverture au monde universitaire ne fut jamais, pour Mobutu, un obstacle pour recourir aux sortilèges et maléfices des féticheurs, sorciers, marabouts etc. On raconte que, lors de la confection d'importants documents destinés aux organismes internationaux comme la Banque mondiale, le FMI ou l'Union européenne (Marché commun, à l'époque), les avis des marabouts et sorciers illettrés avaient, aux yeux de Mobutu, plus de poids que les conclusions techniques, minutieusement élaborées par des fonctionnaires formés à la rigueur universitaire. Il était donc évident que dès le moment où il eut décrété « **la radicalisation de la révolution**» ou « **la révolution-comparaison »,** il se mit à conduire une politique comportant, en germe, l'actuel visage religieux du pays. Et cela, en dépit de ses aveux publics, répétés d'être un chrétien catholique pratiquant et convaincu.

d. Mobutu au soir de son régime.

Sous le régime du parti unique, la constitution du pays fut plusieurs fois revue, corrigée et complétée. Mais à notre connaissance, son article qui consacre la laïcité[25] de l'Etat ne connut jamais de modification. Selon le Petit Robert, laïcité signifie « *séparation de la société civile et de la société religieuse, l'Etat n'exerçant aucun pouvoir religieux et les Eglises aucun pouvoir politique.* » Nous n'en concluons pas que la constitution, en cet article précis, ait été fidèlement respectée. Dans leur exercice de l'autorité, les dirigeants de notre

[25] La constitution de la Transition en R D C a conservé cette disposition en son 4e article.

pays ne semblent pas faire de cet article de la constitution une application rigoureuse. Car, depuis l'époque de Mobutu, la manière dont s'organise, la coopération entre le religieux et le politique est loin de correspondre à ce que les Français entendent par la séparation entre les deux pouvoirs. On observe des cas où le religieux profitant de conditions favorables offertes par le politique, en retient les méthodes, en vue de son propre épanouissement, si bien que, dans l'agir et le parler de tous les jours, on distingue difficilement si on est en politique ou en religion. Nous aimerions illustrer notre propos par des exemples qui sont des faits empruntés à l'histoire récente de notre pays.

Le premier exemple se rapporte à l'Eglise kimbanguiste. Une fois sortie de l'ombre où la tenait le pouvoir colonial, elle profita de la présence de Mobutu à la tête du pays pour ensuite, en calquant son organisation sur les structures du MPR, connaître un grand essor jusqu'à réaliser de grandes percées hors du territoire national. Son premier chef spirituel ne cachait guère son amitié pour Mobutu. Plusieurs fois, il déclara devant une assemblée de fidèles kimbanguistes que leur amitié datait de l'époque de leur jeunesse. Aussi pour mieux comprendre l'évolution de cette Eglise actuellement divisée, en des branches autonomes et rivales, ne serait-il pas indiqué de voir un lien entre son état actuel et le déclin du régime de Mobutu?

Nous avons un deuxième exemple. Il concerne la Ligue internationale de Témoins de Jehovah. Alors que, sous Mobutu, elle semblait menacée de mort lente, elle se manifeste maintenant au grand jour. Elle se donne des symboles de visibilité afin de bien marquer sa présence et sa domination. Partout montent de terre des Salles du Royaume. On aurait tort de penser que leur multiplication ne soit pas l'une des conséquences du changement d'optique réalisé, à l'intérieur de la Ligue elle-même, changement favorisé ou tacitement encouragé par la politique religieuse du nouveau régime.

Le troisième exemple est en rapport avec la politique de Mobutu vis-à-vis de l'Islam. Pendant toute la période coloniale, on ne connaissait à Kinshasa qu'une seule mosquée, celle qui se trouve au quartier de Barumbu, où vit une grande colonie de descendants de Sénégalais et de Maliens. Mais après son discours prononcé, du haut de la tribune de l'ONU, en 1973, dans lequel il rompait, avec fracas, les relations diplomatiques avec l'Etat d'Israël. - Mobutu avait, entre autres, déclaré : « *entre un frère et un ami, le choix est facile à faire ». S*'en suivit une croissance spectaculaire de nouveaux convertis à l'Islam, à Kinshasa, en particulier dans ses quartiers les plus périphériques comme, par exemple, Ngombe Lutete, Malweka etc.

Au début, des propagandistes islamiques agissaient par séduction: chaque vendredi matin, un bus transportait des fidèles musulmans jusqu'à un emplacement choisi, à l'avance, dans un des quartiers périphériques de la capitale. Là, ils organisaient, en plein air, leur prière. A force de contempler et d'écouter, tous les vendredis, des musulmans prier et leurs imams prêcher, des jeunes par ailleurs séduits par des propagandistes musulmans, commencèrent à adhérer à la religion de Mahomet.

Parmi les signes de visibilité de la croissance de la communauté musulmane à Kinshasa, signalons en les deux mosquées récemment construites à Kintambo. L'une se trouve face au camp de la police. Celle qui se lève non loin du boulevard de 30 juin est remarquable par l'ampleur de ses dimensions et par la solennité de son architecture. Le second signe est encore plus parlant, c'est le rassemblement annuel de tous les Musulmans de Kinshasa, sur l'esplanade du palais du Peuple, pour y célébrer la clôture du mois du Ramadan. Par leur rassemblement, les Musulmans semblent envoyer un signal fort, à tous les politiciens du pays. Ils représentent, à eux seuls, une force politique et un électorat potentiel avec lequel on devrait compter.

e. Kabila et l'Islam en RDC

Un autre acte politique des autorités de la RDC, et plus précisément de l'actuel président Joseph Kabila, qui a donné une nouvelle impulsion à la séduction musulmane, c'est l'accueil d'une délégation de haut niveau de l'Arabie Saoudite, venue à Kinshasa discuter et conclure des contrats de coopération économique. Mais, pour les Saoudiens, les intérêts économiques n'étaient pas la préoccupation première; ils venaient avec un enjeu autrement majeur qui était le véritable but de leur venue à Kinshasa: des observateurs avertis s'en rendirent compte, le jour où prenait fin la visite de la délégation saoudienne: son dernier acte ne fut pas la signature d'un dernier contrat de coopération économique, mais bien la pose solennelle de la première pierre de la plus grande mosquée de Kinshasa. Voilà un fait qui provoquera longtemps l'étonnement de beaucoup de Congolais: comment les dirigeants d'un Etat qu'ils proclament laïc, ont-ils osé signer, sans le moindre scrupule, des contrats économiques ressortis de closes relatives à la construction d'édifices à destination religieuse, et uniquement au profit d'une seule religion, l'islam?

Depuis lors, on voit monter de terre de nouvelles mosquées, dans plusieurs coins de Kinshasa. L'arrière pays n'est pas épargné. Il est systématiquement traversé par des vagues de propagandistes musulmans qui achètent des consciences à coût de dollars, car les conversions à l'Islam ont un prix chiffré en dollars. On raconte que dans la province de Bandundu, chaque nouveau converti reçoit 50$. Voilà une aubaine que peu de gens oseraient refuser, quand on est de cette frange de la population déjà appauvrie que, par sa politique, Kabila enfonce de plus en plus dans une misère noire.

On peut supposer que la pratique d'acheter des consciences ne se limite pas à la seule province de Bandundu mais qu'elle est aussi en vigueur à Kinshasa et dans les autres provinces du pays; par exemple, au Kongo central où se forment de communautés musulmanes. Alors que, jusqu'au déclin du régime de Mobutu, le Kongo central était préservé de la séduction musulmane. Une question se pose alors à plus d'un citoyen : quelle que soit l'origine des dollars qui servent d'appâts aux pauvres Congolais, ne seront-ils pas, plus tard, indexés à la dette congolaise?

Une chose est certaine, c'est que de nos jours, l'Islam ne se fait connaître ni par le nombre croissant de ses adeptes, ni par la qualité exceptionnelle de leur conduite, -ce qui n'est pas chose évidente-, mais bien par des organisations terroristes comme AL QUAIDA, BOKO HARAM, SHEBAB, DAECH ou l'Organisation de l'Etat Islamique, etc, Leurs membres excellent dans l'usage de la violence. Ils sèment la mort au cri d' « ALLAH AKBAR»!

Quand des Islamistes commettent des attentats suicide ou des enlèvements d'innocents au cri de « Allah Akbar », trop d'autorités musulmanes se contentent toujours de déclarer : « Cela n'est pas l'Islam» ou « Ce ne sont pas de vrais musulmans», quand elles ne choisissent pas de garder le silence. Cela nous paraît une réaction trop courte, voire indécente ! Est-il juste de transformer, par un attentat suicide, de paisibles innocents en un tremplin pour un croyant de l'Islam désireux de se propulser jusqu'au paradis afin d'y rejoindre le rang des martyrs? Que dit la révélation coranique, du sort de ces innocents qui ne choisissent pas de mourir ce jour-là, à cette heure-là et de cette manière-là?

Et comment qualifier la violence de terroristes musulmans contre des chrétiens ? Ils les tuent parce qu'ils sont chrétiens, comme lors de l'assassinat de 140 étudiants de l'université de Garissa, suivi, quelques jours après, de celui de 19 chrétiens éthiopiens; mentionnons aussi des chrétiens coptes d'Egypte que l'on fait exploser dans leurs églises, depuis le récent coup d'Etat militaire qui a renversé le président islamiste Morsi. En avril 2015, un groupe de chrétiens pakistanais réunis pour la messe dominicale ont été tués par une bombe jetée contre leur église. Trop peu de voix du côté des autorités musulmanes se sont fait entendre pour condamner ces abominations.

Jusqu'à ce jour, le gouvernement turc refuse de reconnaître le génocide arménien... Nous l'avons vu, le dimanche, 12 avril 2015, dans la déclaration du gouvernement turc critiquant les propos du Pape François. Ce jour-là, le Pape avait proclamé Docteur de l'Eglise, un Saint Arménien, Grégoire de Narek et dans son homélie, avait qualifié de premier génocide du 20ème siècle, le massacre des chrétiens d'Arménie perpétré par les soldats de l'empire Ottoman. Le gouvernement turc a protesté en rappelant son ambassadeur auprès du Saint Siège !

Cette violence des musulmans qui cible uniquement les chrétiens nous rappelle le macabre comportement des SS nazis qui, pendant la seconde guerre mondiale, parcouraient les rues des villes d'Europe, et arrachaient, de leurs habitations, des Juifs qu'ils emmenaient, ensuite, aux camps de la mort.

Comment la notion de crime contre l'humanité est-elle comprise au sein de la communauté musulmane, face à la conscience qu'elle a d'elle-même, en tant que communauté humaine, désireuse de nouer de bons rapports avec une société multiculturelle, pluri-religieuse, travaillée par une dynamique de changement et traversée en outre par tant de conflits?

Faudrait-il reconnaître un trait de la culture schizophrène dont parle le Tunisien Moncel Marzouk, dans le comportement des autorités de l'Islam, face aux cas de tueries de plus en plus nombreux dont les fidèles musulmans se rendent responsables? Il est cependant sûr, qu'il ne manque parmi les intellectuels musulmans ceux qui se heurtent à cette pensée du philosophe allemand du 20ème siècle, Hans Jonas : « *Agis de telle façon que les effets de ton action soient compatibles avec la préservation d'une vie digne sur la terre.* »[26]

« C'est aux fruits qu'on juge l'arbre », enseigne la sagesse biblique ou évangélique. Pour apprécier la qualité d'un arbre, il n'est pas nécessaire d'étudier la botanique, ni la biologie végétale ou les mœurs propres à l'arbre concerné. On ne peut être d'accord avec l'auteur de « *DECOUVREZ L'ISLAM* », qui est un petit livre écrit dans un but de propagande et, distribué gratuitement, en France, afin d'attirer à l'Islam de nombreux jeunes Français. L'auteur de ce petit livre s'insurge contre ceux qui accusent « l'Islam de terroriste». Ils les invitent, avant d'écrire ou de dire quelque chose au sujet de cas de violence commis par des fidèles[27] de l'Islam, à commencer par étudier les écrits sacrés de leur religion[28]. Ce qu'il propose là nous parait en contradiction avec la pédagogie en vigueur dans les écoles coraniques qui privilégient la mémorisation du texte sacré par les élèves. Les écrits sacrés ne doivent pas rester rangés sur les étagères de bibliothèque mais portés dans l'esprit du croyant. La révélation toujours présente en lui sera, à tout instant, en lui et pour lui, une parole divine, actuellement reçue d'en haut et inspirant et orientant ses pensées, ses parole et ses actes. Tout son comportement sera le reflet de la révélation qui est présente en lui. Faut-il expliquer par des principes moraux non issus de la révélation coranique, des cas de violence et tuerie commis au cri d' « Allah Akbar »?

IL existe, nous semble-t-il, un mal de vivre au sein de la communauté musulmane. Malheureusement, les autorités politiques et les autorités religieuses

---

[26] Cité par Paul Ricoeur, « Responsabilité limitée ou illimitée?», dans Le crime contre l'humanité, mesure de la responsabilité ?CERP. 1998, p.25

[27]

[28] Manquedh Assaqqar, Découvrez l'Islam, éd. Zeno, 2009,p.138

musulmanes donnent l'impression de ne pas le voir ou quand elles le voient, à cause de leur culture schizophrène, ne cherchent pas comment y remédier.

g. Comparaison n'est pas raison

Même si la comparaison n'est pas raison, mais une bonne comparaison peut contribuer à faire mieux comprendre notre point de vue. Il y a quelques années, des médias du monde entier avaient largement commenté le comportement des ecclésiastiques catholiques, reconnus coupables de cas de pédophilie. Les mêmes médias firent, cependant, très peu écho aux mesures prises par l'autorité de l'Eglise, au niveau mondial comme au niveau local, dans le but d'éradiquer le mal : certains coupables furent livrés à la justice, par leur chef hiérarchique. Les mesures allèrent, de l'indemnisation des victimes jusqu'aux demandes de pardon, présentées par des coupables eux-mêmes et aussi, par leur chef hiérarchique.

Ceci n'est pas écrit pour montrer une quelconque supériorité du christianisme. Là n'est pas notre intention. Elle est plus modeste que ça. Mais on regrette une nouvelle fois le réflexe des autorités de l'Islam de seulement répéter: « Cela n'est pas l'Islam », quand un fidèle de l'Islam se rend responsable de violence ou de tuerie. La manière dont les autorités de l'Eglise catholique ont réagi aux cas de pédophilie est, pour nous, une démonstration de leur courage et, surtout, de leur sens de la responsabilité. Il y a là aussi un sens de la justice et peut-être, à certains égards, un exemple de cette grande vertu morale qui n'est pas commune aux humains et que l'on appelle, l'humilité.

h. Ce qui me séduit dans le Christianisme

Quoi qu'il en soit, pour nous, le côté séduisant du christianisme se trouve ailleurs : il est notamment dans l'excès de gratuité de sa pratique d'amour pour autrui. Son fondement évangélique est, sans doute, le précepte d'aimer ses ennemis, de les bénir et de prier pour ses persécuteurs (Lc 6,27-35). Ce beau précepte resterait lettre morte si l'on ne trouvait nulle part son inscription dans la vie des chrétiens, à travers des siècles de l'histoire chrétienne. En témoigne, d'une manière incontestable, la présence des institutions (écoles et formations médicales) implantées par des chrétiens, dans des régions musulmanes où la conversion au christianisme équivaut à un crime. Nous pensons, en particulier, à des communautés religieuses comme celle des religieux cisterciens français à Tibhirine, en Algérie. Ont-ils choisi de s'installer dans cette région de l'Algérie, parce qu'ils avaient envie de se laisser couper la gorge ou parce qu'ils désiraient témoigner de leur amitié envers le peuple algérien qui traversait une période fort troublée de son histoire?

Mentionnons en dernier lieu des œuvres de charité ou de bienfaisance telles que celles des communautés des Sœurs Missionnaires de la Charité, fondées par Sainte Thérèse de Calcutta. Les Sœurs Missionnaires de la Charité sont présentes dans de nombreux pays du monde, y compris les pays musulmans. Leur fondatrice Sainte Thérèse de Calcutta est, du côté catholique, l'une de deux figures emblématiques qui ont marqué le 20ème siècle, l'autre étant le Pape Saint Jean Paul II. L'une et l'autre ont pratiqué, à un degré inégalable, l'excès de gratuité d'amour pour autrui. A leur mort, le monde entier le leur a rendu.

Thérèse qui avait vécu parmi les pauvres, les mourants, les abandonnés, eut droit, de la part du gouvernement indien, à des funérailles nationales, habituellement réservées à un président ou à un premier ministre décédé, en exercice de ses fonctions.

Quant aux funérailles du Pape Jean Paul II, elles bousculèrent les coutumes du Vatican comme de toute la ville de Rome. On était habitué à voir venir à Rome des foules de pèlerins. Mais jamais, à la mort d'un Pape, on n'avait vu arriver une foule aussi dense, aussi variée, où se bousculaient des gens de toutes conditions: têtes couronnées, chefs d'Etats et de gouvernements, primats des autres Eglises chrétiennes, chefs suprêmes de grandes religions non chrétiennes, fidèles catholiques venus en grand nombre, croyants d'autres religions, une foule d'adultes et de jeunes avec leurs tentes et sacs de couchage, tous prêts à passer la nuit à la belle étoile, dans des parcs publics, à travers la ville de Rome…

i. L'Islam et le développement de la RDC

Au regard de la situation générale du monde et de l'Afrique en particulier, il ne serait pas exagéré de penser qu'à mesure qu'un pays d'Afrique noire s'islamise, il se transforme progressivement en un nouveau foyer de terrorisme international. Est-ce jusque-là que Joseph Kabila a désiré conduire le pays, le jour où il signait, avec les délégations des puissances musulmanes, des contrats économiques ressortis de closes de caractère religieux? L'islamisation des populations congolaises serait-elle la condition « sine qua non » à remplir pour que la RDC devienne un pays émergent, à l'horizon 2030?

Quoi de plus peuvent-ils recevoir les peuples animistes d'Afrique noire, de l'Islam et de sa culture schizophrène pour sortir de leur sous-développement? Il y a des siècles que l'Islam est présent, dans beaucoup de régions d'Afrique subsaharienne. Nous avons évoqué, il y a quelques instants, les facteurs qui accélèrent son actuelle progression en RDC. Sa présence antérieure dans la partie orientale de ce pays est une des pages les plus sombres de l'histoire nationale d'avant l'époque coloniale. Car, bien avant la colonisation belge, les régions de l'Est de la RDC étaient, régulièrement traversées par des razzias de musulmans arabophones souvent montés à cheval, qui semaient la désolation dans des villages et hameaux. L'un de leurs chefs se nommait Tip –Tipo, nom bien familier, depuis leurs études primaires, aux personnes de ma génération, qui le trouvaient dans tous les manuels scolaires d'histoire et dans les écrits de Stanley racontant sa découverte du fleuve Congo.

Depuis le nord du Soudan, des musulmans arabophones parcouraient toute la région des Grands Lacs, semant sur leur passage panique et désolation, multipliant rapts et enlèvements d'enfants et de jeunes gens valides. Ils les revendaient ensuite, dans d'autres pays arabes ou à des négriers d'Europe qui les exportaient en Amérique. Les razzias des musulmans arabes ont laissé des plaies qui sont encore béantes. Elles ont pris aujourd'hui de nouvelles formes: conflits à répétition, foyers d'insécurité récurrente, réseaux d'immigration clandestine vers l'Europe, …

On espérait que tout irait mieux pour les Soudanais du sud, après la séparation de leur pays en deux Etats autonomes. Elle fut la conclusion d'une longue guerre entre le Nord arabophone et le Sud animiste et chrétien. Pendant cette guerre, plusieurs fois, des organisations humanitaires signalaient la libération ou le rachat de filles et garçons du Sud enlevés et revendus par des Soudanais arabophones. Mais Le Sud devenu autonome peine à trouver son équilibre et à réaliser une cohabitation pacifique entre ses différentes ethnies. Au lieu de la paix, il est plutôt plongé dans un état de guerre permanente dont les ramifications s'étendent jusqu'à l'Est de la RDC où, au lendemain de l'accès de Joseph Kabila à la présidence, commencèrent à se former divers foyers de tensions et d'insécurité. Les Congolais de cette région de la RDC vivent, à leur tour, les craintes et inquiétudes qui faisaient le quotidien de leurs ancêtres d'avant l'époque coloniale.

Au regard de tout cela, il y a lieu aussi de se demander ce que deviennent les rapports des noirs convertis à l'Islam avec des musulmans arabophones. Ils sont loin d'être ce que l'on pourrait imaginer. «L'*Islam noir est méprisé par les islamistes pour trois raisons principale: la première est linguistique, c'est un Islam peu arabisé ; la deuxième est culturelle, il n'a pas produit de grands textes ; la troisième est historique : pour beaucoup d'Arabes, l'Africain en tant que noir reste encore l'esclave et le non-musulman*[29].» Un noir, bien que devenu musulman, demeure, aux yeux des Islamistes, non une personne humaine et un coreligionnaire mais il est un « hors –jeu » du droit musulman, faute d'arabité. On se le procure, la plupart du temps, par la violence ; violence que l'on maintient en créant un état permanent de guerre comme au Darfour et dans toute la partie orientale de la RDC. Ici, la violence est entretenue comme moyen propice à l'exploitation frauduleuse des richesses naturelles. La violence presque aveugle est exercée contre les hommes, même quand ils n'opposent aucune résistance. On connait le sort habituellement réservé aux femmes, les unes obtiennent rapidement le dégradant statut de servantes sexuelles, les autres sont revendues et deviennent attachées au service des maisons de riches arabes ; d'autres s'en vont grossir des réseaux internationaux de la prostitution…

[29] Des croyants aux marges de leurs Eglises, la Croix du30/01/2006,pv

Chapitre 4. Politiciens zaïrois en télévangélistes

Nous voudrions enchaîner avec des faits qui semblent, à première vue, n'avoir aucun lien les uns avec les autres, et qui appartiennent tous à l'histoire récente de notre pays, la RDC.

Les deux derniers discours du président Mobutu, le 24 avril et le 3 mai, 1990, marquaient l'essoufflement de la parole politique du M P R. On avait l'impression qu'ils étaient comme la dernière écume d'une grande vague qui se mourait sur une plage déserte. Cependant, - comme « le mensonge et la crédulité s'accouplent et engendrent l'opinion » (Paul Valery)- aussitôt ses conseillers, formés aux techniques modernes de créer l'opinion ou de la gagner en faveur d'une cause, mirent tout en œuvre pour que l'espace public ne fût uniquement pas occupé par de nouvelles forces politiques, hostiles au M P R, devenu, selon les déclarations de son fondateur, fait privé.

Il y eut alors l'annonce par les services de presse du M P R de la venue, à Kinshasa, d'un jeune homme d'environ 28 ans, d'origine italienne. On disait qu'il avait régulièrement des apparitions du Christ. Il semblait porter des stigmates aux deux mains. Il était invité à faire des révélations sur l'avenir du pays. Au lendemain de son arrivée, devant une foule nombreuse de Kinois avides de merveilleux et amassés sur l'esplanade du Palais du Peuple, le jeune Italien prédit solennellement un avenir radieux pour ce pays qui, selon ses déclarations, était choisi par Dieu entre tous les pays.

Dans les jours qui suivirent, on vit successivement apparaître, sur l'écran de la télévision nationale, deux grandes figures de la mystique non chrétienne ou de l'ésotérisme: la première figure fut celle du grand maitre du Grand Orient de

France Jean Robert Ragache, et, l'autre fut le grand maître de la Rose-croix ou l'imperator de l'AMORC[30] (Ancient and Mystical Order Rosae Crucis) Christian Bernard. Ces visiteurs qui avaient coûté une fortune aux contribuables congolais étaient, pour nous, la preuve que, comme d'autres dirigeants africains, Mobutu recherchait sa sécurité et son maintien au pouvoir « non dans une relation démocratique avec son peuple mais en se blindant auprès des mouvements religieux les plus divers. [31]» Le mariage religieux de Joseph Kabila dont nul ne connaît, avec exactitude, l'appartenance religieuse, mariage célébré par le cardinal archevêque de Kinshasa, aurait-il une signification différente?

La venue, à Kinshasa, de ces trois personnages laissait entrevoir l'entrée en scène d'autres personnages connus ou nouveaux. Ils furent, pour la plupart, parmi les proches collaborateurs du président Mobutu et tous étaient bien connus comme acteurs politiques.

Le premier fut Honoré Engbanda Nzambo. Longtemps conseiller spécial du chef de l'Etat en matière de sécurité, il devint ministre de l'Intérieur, au lendemain de deux derniers discours de Mobutu, en avril et mai 1990 et revêtit, du jour au lendemain, tout en conservant son fauteuil ministériel, le costume de télévangéliste, d'enseignant de la Bible. Il s'octroyait, chaque semaine, des heures d'antenne à la télévision nationale. Par son éloquence, il rivalisait avec des évangélistes étrangers qui commençaient à visiter les villes du pays.

---

[30] C'est sous ce nom que la Rose-Croix fut relancée au 20e siècle par un journaliste américain H.SPENCER LEWIS. La tradition de la Rose-Croix remonte, selon, H.S.Lewis aux origines de l'humanité. C'est un ordre mystique, ancien. il permet d'avoir accès à la connaissance du monde invisible grâce à un savoir secret. Ordre : par une initiation progressive, il introduit dans une fraternité qui offre un appui pour réussir socialement. Pourquoi appelle-t-on cet ordre, Rose-Croix? Le symbole de l'Ordre est une rose surmontée d'une croix. La rose symbolise la beauté et la fragilité de la vie. La croix n'est pas la croix chrétienne, mais le signe des points cardinaux. Par ce symbole, les initiés se reconnaissent entre eux.

[31] YVES MOREL, Seigneur à qui irions-nous ? Le chrétien face aux sectes et aux nouveaux mouvements religieux. Ed. Paulines, Abidjan, 2003, p. 121

Engbanda est un personnage complexe. De par ses fonctions antérieures, il était impensable, qu'une fois devenu ministre de l'intérieur[32], il voulût entreprendre, seul, une action religieuse non planifiée et sans le concours de ses anciens collaborateurs de la sécurité nationale. Il s'avéra évident que, pour mieux continuer sa fonction de surveillant du peuple, il devait relancer l'endoctrinement des populations, assuré autrefois par les propagandistes du parti unique. Pour bien réussir, il se servit, comme moyen efficace, de la lecture fondamentaliste de la Bible. Il lui importait de l'intensifier, à l'heure où l'attention de toute la classe politique du pays était tournée du côté de la Conférence nationale souveraine. Donc, suivant une programmation minutieusement élaborée, Engbanda devait multiplier ses apparitions à la télévision. Deux objectifs étaient à poursuivre simultanément: coordonner, sur le terrain, l'engagement de ses collaborateurs et évaluer l'impact de leurs discours sur l'opinion publique. On peut se permettre de penser que, pour le besoin de la cause, quelques-uns des agents de la sécurité nationale changèrent de fonction et se transformèrent, par imitation de leur chef, en évangélistes, pasteurs, prophètes, fondateurs d'Eglises. Donc, il ne serait pas étonnant de rencontrer, parmi les nouveaux pasteurs, ceux qui, sous Mobutu, étaient de fidèles collaborateurs d'Engbanda; ceux qui, des années durant, ne remplissaient jamais d'autres fonctions que celles d'épier, de dénoncer, de torturer et d'assassiner, d'accomplir tous les actes odieux, pourtant jugés nécessaires pour garantir la pérennité du régime de Mobutu …

Le deuxième personnage à citer est Dominique Sakombi devenu, à la suite de sa prétendue conversion, frère Jacob, ancien animateur de la MOPAP (mobilisation, animation, propagande du parti), ancien commissaire d'Etat (ministre) au Département de communication et presse. Comme Engbanda,

[32] Pendant qu'il dirigeait le ministère de l'intérieur, on lui donna le surnom « d'exterminator », à cause du massacre des chrétiens, le 16 février 1992

Sakombi était l'un des personnages clés du régime Mobutu. Tous les deux entretenaient des relations privilégiées avec le dictateur. Ils appartenaient au cercle de ses intimes. Même si, vers la fin du régime de Mobutu, Sakombi sembla s'en éloigner, sa disparition momentanée de la scène politique ne signifiait pas une entrée en disgrâce.

Les chrétiens de Kinshasa se souviendront longtemps de sa participation au conflit qui opposa, en 1971, le président Mobutu au cardinal Malula. Ce fut pour Sakombi l'occasion de témoigner, au grand jour, de toute la dévotion qu'il vouait au guide de la révolution zaïroise. Avec beaucoup d'ardeur, il s'appliqua à forger, tous les jours, de nouvelles raisons de critiquer l'Eglise catholique, de lancer des injures des plus grossières contre le cardinal Malula. Il n'eut aucune gêne de le traiter, sur les antennes de la télévision et les ondes de la radio nationales, de *caméléon*. Ce ne fut pas tout. Il présida personnellement à l'évacuation de sa résidence qui fut aussitôt transformée en Quartier général de la jeunesse du parti (JMPR).

Le conflit entre le général Mobutu et le cardinal Malula avait une face cachée qui était le début d'un processus de désacralisation de l'épiscopat catholique et de la formation de nouveaux symboles de sacré.

Le rappel de cette partie du passé de Sakombi jette de nouvelles lumières sur son retrait de la vie politique qui, à notre avis, fit partie de sa stratégie. Comme cela arrive à beaucoup de convertis, il devait témoigner de sa conversion devant un grand public. Mais avant de paraître et parler en public, il avait besoin de temps pour acquérir les méthodes correspondant à sa nouvelle identité et à sa nouvelle mission politique que semblait lui annoncer l'évolution générale de la vie du pays.

.

Son retrait de la politique précéda son retour au christianisme. Il redécouvrit la religion chrétienne sous une forme nouvelle, différente de celle qu'il avait connue dans sa tendre enfance. Il avait hâte de le proclamer tout haut. Un chemin lui fut ouvert par l'Association internationale d'hommes d'affaires du « Plein Evangile » ou « Full Gospel », dans laquelle les enseignements se font, en partie, sous forme de témoignages. C'est là qu'il commença à raconter sa vie antérieure: son passage par la magie indienne, sa plongée dans le fétichisme de sa tribu et dans le spiritisme, enfin sa redécouverte du christianisme. La majeure partie de son témoignage était émaillée de dénonciations des pratiques occultes, magiques et fétichistes auxquelles Mobutu et son entourage se livraient régulièrement pour envouter les Zaïrois, leur monnaie, leur fleuve, leur pays, leurs biens privés, meubles et immeubles… Ce fut grâce à la magie indienne que, lui, Sakombi avait pu longtemps se maintenir à l'avant-scène politique du pays. A la fin de ce grand déballage de pratiques occultes, on en repartait plus convaincu de l'efficacité de la magie que de la force de la foi en Jésus Christ ! Etait – il possible de se faire une autre opinion face à la situation socio-économique du pays, en dégradation croissante et continue ?

Progressivement cependant, des personnes bien averties et au courant des us et coutumes des politiciens africains, perçurent mieux le vrai sens de sa conversion. Sakombi n'avait pas rompu avec l'esprit et les méthodes de la MOPAP, ni avec Mobutu qui, entendait, par ailleurs, au moyen de ses mandataires, dont Sakombi, avoir sa part de gâteau dans la nouvelle configuration politique du pays, déjà en perspective. Aussi, le difficile démarrage des travaux de la Conférence nationale souveraine et l'impossibilité de mettre en application leurs conclusions en furent-ils une preuve patente. Aujourd'hui encore, le pays peine à sortir du système politique de Mobutu. C'est autant vrai que quelques-uns de ses meilleurs serviteurs se sont convertis en fidèles collaborateurs de Joseph Kabila.

Car, rien ne laissait entrevoir, plus tard, la présence de Sakombi aux côtés de Laurent Désiré Kabila, ni ensuite de son fils Joseph Kabila. Des événements allaient mettre fin au doute. Sans se faire prier, Sakombi se retrouva à la même place qu'il avait longtemps occupée, sous Mobutu, exerçant les mêmes fonctions avec les mêmes méthodes et le même zèle. Le retour en politique de cet ancien animateur de la MOPAP, aux côtés des deux Kabila semblait annoncer quelque chose qui dépassait les simples ambitions politiciennes. En tant que personnage principal de la Haute autorité des médias, Sakombi se mit vite à diffuser, par la voie des ondes et par son journal « La voix de Dieu », un discours qui allait dans le sens de stimuler l'essor de nouvelles Eglises et l'entrée, dans le pays, d'autres spiritualités. Sa mission était donc d'opérer une transition, mieux une jonction entre l'action de nouvelles Eglises et la mobilisation des populations, autrefois assurée par la MOPAP dissoute, suite à la dissolution du MPR. Il fallait tenir en éveil l'attention du peuple, au moment où la majeure partie des Congolais se remémorait encore les meetings, les séminaires, les fêtes, les slogans et les chants du MPR. De retour à la tête des médias nationaux, Sakombi avait entre ses mains des moyens suffisants pour rapidement réussir la jonction entre la prédication de nouvelles Eglises et la propagande de la MOPAP dont il avait forgé les méthodes, le langage et la logique.

Engbanda et Sakombi comme Mobutu étaient originaires de la province de l'Equateur. C'était normal et, presque naturel, qu'ils aient entretenu entre eux des rapports étroits de collaboration. Mais personne ne pourra nous dire, par quelle porte, le 3e personnage qui se nommait Lengelo, put s'introduire dans le pré-carré des amis de Mobutu, précisément, au moment où, sous le coup des événements, il se rétrécissait au point de se réduire à un petit club de copains. Lengelo n'était pas de l'Equateur mais de la province de Bandundu. Sa conversion en télévangéliste reste, pour nous, un autre point sombre, puisqu'il était jusque-là connu comme l'un des industriels de l'ère Mobutu. Il était à la tête des Etablissements *Lengsram* qui fabriquaient du matériel électrique. En le voyant, la première fois, à la télévision, beaucoup pensèrent qu'il venait relancer la promotion des produits de sa société. Mais, peu de temps après, on se rendit compte que ses apparitions à la télévision avaient un autre but et un cadre plus large, qui était le «full gospel» ». Mais comme l'appétit vient en mangeant, Lengelo finit par partager son temps entre son fauteuil d'industriel, la tribune des télévangélistes et ses fonctions de ministre dans le gouvernement de l'Etat zaïrois. Il termina sa carrière politique aux postes de vice-premier ministre et ministre des affaires sociales.

Pour expliquer cette fulgurante ascension de Lengelo en politique, une double hypothèse se présenta à notre esprit: soit, Lengelo avait pu appartenir, pendant de nombreuses années, au groupe de ceux que l'on nommait, en jargon de la sécurité de l'ère Mobutu, « indicateurs libres » (informateurs de la sécurité). Sa nomination à un poste ministériel fut, dans ce cas, une promotion, en récompense des nombreux services que, depuis des années, il avait rendus au régime Mobutu.

Soit, son origine de Bandundu avait joué en sa faveur. Mobutu savait que la Province de Bandundu ressemblait à un grand atelier de politiciens et il devait en tenir compte. Car, le révolutionnaire Mulele qui, pendant la rébellion à l'Est du pays, au lendemain de la déclaration de l'indépendance, infligea de lourdes pertes à l'armée de Mobutu, n'était pas né au Kivu, mais dans la province de Bandundu. Et curieusement, ce fut au Kivu qu'il put exploiter toutes ses idées révolutionnaires. Son emprise sur des tribus du Kivu fut déterminante. Il éveilla l'attention de Mobutu à l'existence et la pugnacité des tribus connues, depuis lors, sous le nom de Mayi-Mayi. Selon l'opinion fortement répandue, à l'époque, leur ardeur au combat était soutenue moins par la qualité de leur armement que par la puissance des fétiches qu'ils portaient sur eux. Leurs fétiches, disait-on, réduisaient en liquide (eau ou mayi) les balles dès qu'elles touchaient leur corps. Gizenga, un autre fils de Bandundu, compagnon de Lumumba et continuateur de son œuvre, s'autoproclama, en 1960, président de la RDC. Il installa sa capitale, dans la ville de Kisangani. Quand le Président Mobutu avait fondé l'école idéologique du MPR, il lui donna le nom de Makanda Kabobi, un de ses anciens collaborateurs, ancien élève du petit séminaire de Laba, au diocèse d'Idiofa, dans la province de Bandundu. La direction de cet institut idéologique fut, jusqu'à sa fermeture définitive, assurée par deux politiciens de Bandundu: le premier fut Kambembo Mfumu wa Utadi qui, appelé à d'autres fonctions, céda la place à Kangafu. Cela faisait que le groupe de politiciens de Bandundu représentait une force que Mobutu ne pouvait jamais négliger, au moment où le vent des événements nationaux tournait en sa défaveur.

Au lendemain des deux derniers discours de Mobutu, deux logiques s'affrontaient: celle du parti unique qui tenait à se perpétuer, sous une forme rénovée, et celle qui correspondait à l'évolution de l'heure et qui encourageait la formation de deux ou trois grands partis nationaux. Ils auraient constitué pour le peuple une alternative, en face du parti unique rénové. Cette dernière éventualité représentait, pour Mobutu lui-même et les dignitaires de son régime en déclin, un grand risque, celui de se positionner difficilement dans la nouvelle configuration politique du pays. Il fallait donc absolument la faire échouer.

Que faire? Mettre en œuvre l'adage de la vieille Rome : « diviser pour régner »: choisir, parmi les représentants de la province de Bandundu, une personnalité bien connue à l'intérieur comme à l'extérieur du pays. Sa mission serait précisément de jouer au plus grand diviseur, en distribuant généreusement d'importantes sommes d'argent, ressorties de l'obligation pour les uns de fonder un parti politique qui serait une des chapelles du nouveau MPR, et pour les autres, soit de transformer leur parcelle en un temple de fortune, soit d'ouvrir, ailleurs, un lieu de culte. Il n'était pas nécessaire que tous les bénéficiaires fussent de la même province que le distributeur. L'important, pour lui, était de maintenir dans le flou toute son action. Ne jamais permettre aux bénéficiaires de distinguer la séduction d'un serviteur du régime et la générosité d'un industriel bien connu, respecté, doublé d'un excellent chrétien qui, pour témoigner de sa foi, revêtait le soir, le costume de télévangéliste. Sa mission était facile à accomplir, puisque son étiquette d'évangéliste le mettait à l'abri des soupçons de corrompre, au profit du régime moribond de Mobutu.

A la lumière de cette analyse, on comprend mieux le véritable motif de la venue à Kinshasa du jeune Italien, du Grand Maître du Grand Orient de France et de l'Imperator de l'AMORC. Leur apparition sur le plateau de la télévision nationale et leur présentation fort élogieuse, par des journalistes au service du régime Mobutu, préparaient des événements importants qui allaient jeter la lumière sur des faits, jusque-là, restés incompréhensibles, notamment l'entrée de Sakombi dans l'équipe de ceux qui avaient renversé son ami Mobutu. En outre, la présentation de ces trois personnages au public zaïrois devait servir de détonateur à la floraison de nouvelles Eglises, au retour en force des croyances ancestrales et à l'adhésion des membres de la classe dirigeante aux spiritualités ésotériques d'origine étrangère. Enfin, sous la couverture de la religion, s'organisait d'une façon sournoise mais systématique, un endoctrinement tendant à enfoncer peu à peu le peuple dans la médiocrité et l'indolence, au point qu'en 2012/2013, la RDC tenait brillamment la 172e place, c'est-à-dire la dernière, au classement mondial de l'I.D.H. des pays ayant un climat favorable aux affaires, c'est-à-dire réunissant des conditions favorables aux investissements extérieurs[33].

---

[33] Selon le journal économique de Tv SIKKA du 05/02/2016

Chapitre 5. Du groupe de prière à l'Eglise de réveil

a. Le pouvoir de la parole

La liberté d'expression est l'un des droits fondamentaux de l'homme. Elle est garantie par la constitution de la RDC. Mais son usage peut être entravé par des conditions sociales. Le peuple qui rencontre des obstacles dans l'exercice quotidien de son droit, aura tendance à faire semblant de se résigner. Mais, loin de se taire, il s'inventera de nouveaux moyens d'expression, un nouveau langage apte à tromper la vigilance des organes du pouvoir et à traduire son désarroi face à un avenir incertain, conséquence des politiques qui ne tiennent pas leurs promesses.

N'ayant pas la possibilité d'être libre dans l'espace public, la parole retrouve tous ses atouts quand elle émigre vers d'autres zones qui existent déjà ou qui se forment sous la poussée de plusieurs facteurs, dont la propagande religieuse. Là, apparaissent de nouveaux symboles et signes qui lui permettent de redevenir libre ; mais à condition que le locuteur veille à éviter toute compromission avec le discours politique et avec le défaitisme du langage populaire.

Si l'espace religieux garantit la libre parole, il ne la préserve pas néanmoins de dérapages. C'est pourquoi, parmi les fonctions que la libre parole s'attribue en public, deux au moins, paraissent se contredire, au point de tendre à corrompre sa spécificité :

Ou bien, la parole religieuse justifiant toujours sa prétention d'être une instance critique de la conscience individuelle et collective, veille à prendre et à garder ses distances vis-à-vis du discours démagogique des acteurs politiques. Cette vigilance qui concourt à la sauvegarde de sa spécificité, accroît son impact sur les consciences des auditeurs. C'est lorsqu'elle demeure sur son terrain, sans s'en écarter d'un pouce, qu'elle est une parole de vie et un service des peuples opprimés à libérer. Et c'est uniquement en vue de défendre la dignité humaine que, de temps en temps la parole religieuse emprunte des accents politiques. Elle prend alors la tournure d'un appel à l'éveil de conscience chez tout le monde, peuple et dirigeants qui ont tous besoin d'une libération -.

Ou bien, suite à un choix délibéré, sacrifiant sa spécificité et s'écartant de sa mission, la parole religieuse se transforme en auxiliaire de son homologue qui est la parole politique. Dans ce cas, elle contribue à accroître l'efficacité et l'intensité de cette dernière. Totalement subjugué et perplexe, le peuple accueille comme décrets divins les prêches faits, le plus souvent, d'un chapelet de versets bibliques sortis de leurs contextes, sélectionnés de préférence parmi ceux qui parlent de l'origine divine de l'autorité et appellent le peuple à une soumission inconditionnelle, présentée comme l'une des conditions nécessaires au salut. D'où l'interdiction explicite ou voilée d'élever la moindre critique contre les dirigeants du pays. Aucun politicien africain n'oserait rejeter cette sorte de discours religieux qui se veut une aide à la cause politique. A écouter les prêches des nouvelles Eglises, force est de reconnaitre que rares sont celles qui ne sont pas une expression d'allégeance aux autorités en place[34].

b. Quand un groupe de prière devient Eglise de réveil

Quand quelqu'un réussit, on ne sait par quel manège, à attirer dans sa parcelle, quelques personnes, il s'empresse de donner à son assemblée un nom : au début ce sera un groupe de prière qui deviendra rapidement une Eglise. Son nom sera

[34] Pendant le régime du Parti -Etat, la première sorte de parole était celle de l'épiscopat catholique ; par ses nombreuses prises de position contre le régime, il a été la voix du peuple privé de droit de parole. L'épiscopat est resté fidèle à lui-même, depuis les premières années de l'indépendance.

inscrit en grands caractères, sur le portail et les murs de la parcelle. Une nouvelle Eglise a ainsi pris naissance. Elle se rangera parmi les Eglises de réveil.

Dans leur formation, beaucoup d'Eglises de réveil partagent une histoire commune avec des groupes de prière catholiques, protestants ou œcuméniques. Elles forment l'étape finale d'une évolution religieuse qui s'accomplit en marge des structures hiérarchiques traditionnelles.

Dans l'Eglise catholique, les groupes de prière, tout comme les Communautés Ecclésiales de Base (C.E.B.) ou les Communautés Ecclésiales Vivantes de Base (C.E.V.B.), sont toujours porteurs d'un projet pastoral, celui de décentrer la vie ecclésiale, en sortant la pratique cultuelle de ses sanctuaires traditionnels qui sont, pour les chrétiens catholiques, les églises. C'est sous la vigilance de l'autorité paroissiale qu'ils prennent naissance, confectionnent et accomplissent leur programme d'activités et de prière. Leurs membres ne vivent pas en s'isolant mais en s'immergeant dans la mêlée communautaire d'une paroisse. Ils participent à la mission de l'Eglise telle qu'elle s'accomplit dans les limites d'une paroisse. Leur sanctification ne se recherche pas dans un exil au désert ou par une fuite de la vie ecclésiale, vécue en paroisse. Chaque initiative paroissiale leur offre une occasion de témoigner, auprès d'autres paroissiens, de leur évolution spirituelle. C'est par leur participation à la vie paroissiale qu'ils peuvent partager avec d'autres les fruits que l'Esprit produit en eux.

Au sein des groupes de prière, commence la déclericalisation de la vie ecclésiale par la mise en avant des ministères exercés par des laïcs et, fondés uniquement sur le sacrement du baptême. L'évolution ne s'effectue ni en concurrence avec les ministères hiérarchiques, ni à leur détriment mais en symbiose comme relais de l'unique ministère de l'Eglise lui-même se déployant jusqu'à la base, toujours le plus près possible des fidèles.

En ecclésiologie, avant qu'ils évoluent vers la forme d'Eglise de réveil, les groupes de prière constituent une expérience prometteuse. Ils sont, avec les C.E. V.B., des lieux d'éclosion de nouveaux visages de l'Eglise ou d'ecclésiogenèse. Ils sont des essais certains pour réaliser, à petite échelle, le mystère de l'Eglise à partir d'en bas et autour de centres autres que l'évêque, le curé ou le pasteur. C'est pourquoi on a beaucoup de peine à comprendre leur hâte à se transformer en Eglises autonomes, indépendantes les unes des autres,

Les premiers fidèles catholiques désireux de fonder des Eglises ont transité par des Eglises protestantes. Ils en ont emporté l'agencement du culte qu'ils ont ensuite déformé, en privilégiant ce qu'ils considéraient comme inspiration personnelle du Saint Esprit et que nul autre ne pouvait discerner avec exactitude, ni en trouver des cas analogues dans la Bible, ou dans l'histoire chrétienne.

De l'Eglise catholique qui les a formés, ils dénoncent comme erreur les aspects de sa doctrine et de sa morale qu'ils n'ont jamais assimilés. Il y en a parmi les anciens catholiques devenus pasteurs qui accusent l'Eglise de leur enfance de leur avoir caché certaines vérités ou la vérité, tout court. Oh ! Combien on serait heureux de voir un recueil de vérités de foi longtemps tenues cachées par l'Eglise catholique et aujourd'hui redécouvertes et proclamées, au grand jour, par les Eglises de réveil. Ils fourniraient les points ou les aspects de la religion chrétienne sur lesquels porteraient leurs innovations comme l'avait fait Notre Seigneur lui-même, selon Mt 5, 21-48. Les historiens de l'actuel phénomène religieux parviendront-ils, un jour, à discerner les vraies raisons des critiques des Eglises de réveil contre l'Eglise catholique? Serait-ce, par souci pastoral de livrer à leurs fidèles une solide nourriture spirituelle, un message chrétien renouvelé, résultat d'une étude minutieuse des sources de la foi, menée dans la prière et l'écoute de l'Esprit Saint?

Les premiers groupes de prière tenaient leurs assemblées dans des endroits choisis pour leur accessibilité. Ceux qui s'y réunissaient venaient de loin. C'était là, une règle générale. Une bonne distance séparait les domiciles des membres du lieu de la prière. Le changement intervenu dans l'histoire des groupes de prière transformés en Eglises, se situe à trois niveaux bien distincts.

Le premier niveau se rapporte aussi bien à leur multiplication qu'à la modification de leur statut. Les lieux de culte se multiplient en se rapprochant des domiciles des fidèles qui désormais ne sont plus obligés de s'exiler de chez eux ou de parcourir de longues distances. Absence d'exode, absence de rupture avec l'atmosphère délétère ambiante et habituelle. A la maison, au marché, dans les milieux professionnels comme au lieu de culte, on respire le même air, on sent les mêmes odeurs, on entend la même musique, les mêmes chansons et le même enseignement. Rien n'est plus impur. Tout se purifie continuellement par l'irruption de Dieu que l'on invoque jour et nuit, du matin au soir, 24h sur 24h.

Ne sont pas nombreuses les Eglises de réveil qui semblent penser à élargir leur espace. Elargir l'espace suppose le désir de sortir du quotidien, de ce que l'on sent et que l'on vit habituellement. On n'en sort qu'après une radicale remise en question due à une nouvelle prise de conscience. Or remettre en question est, aux yeux de certains dirigeants des Eglises de réveil, l'une des activités subversives et donc, à proscrire, au nom de Dieu qui parle par la seule bouche du pasteur.

Le fait de confiner la vie d'une communauté chrétienne dans les limites d'une parcelle semble répondre à des choix idéologiques, puisque les Eglises de réveil s'implantent à la manière de cellules de parti politique. Plus elles sont petites, plus elles sont efficaces, et mieux sont suivies les directives émanant du bureau politique ou comité central du parti. La discipline dictée par le pasteur, comme celle d'un parti politique sera ainsi mieux observée, moindre seront les possibilités de déviation. D'ailleurs une expression de Lingala qui revient sur les lèvres des Kinois exprime bien leur état d'âme: « to mésànà » (ce qui veut dire: nous sommes habitués.., cela exprime leur apathie, leur manque d'élan).

Le deuxième niveau : les parcelles transformées en sanctuaires dans lesquels des gens chantent et prient tout au long de la journée et de la nuit, acquièrent progressivement un aspect qui les fait ressembler aux habitations des féticheurs, sorciers ou devins, de la société traditionnelle africaine. Aussi ceux qui s'y rendent, même s'ils se sentent portés par le désir du divin, paraissent-ils habités moins par le respect de Dieu que par la peur du pasteur ou du fondateur de leur Eglise. Leur plus grande préoccupation sera d'éviter, à tout prix, de le mécontenter, afin de ne pas s'exposer à la colère divine. La peur du pasteur, perceptible chez beaucoup de fidèles, est comme une marque que se partagent les Eglises de réveil. Et cela en dépit de l'atmosphère festive ou joyeuse de leurs assemblées. Cette peur ne serait-elle pas un obstacle à la libre circulation de la parole entre un pasteur et ses fidèles et entre les fidèles eux-mêmes?

A examiner de plus près les méthodes d'action des Eglises de réveil, **elles ne** sont pas de l'inspiration de la négritude, cette notion créée par Léopold **Sédar** Senghor pour signifier l'éveil culturel des peuples d'Afrique noire. Madame Odou yoye, en parlant de méthodes pastorales des Eglises de réveil, utilise le terme de « dé-nigration ». C'est une transformation du terme français bien connu, dénigrement. Le verbe français, dénigrer signifie, s'efforcer de noircir, de faire mépriser quelqu'un ou quelque chose en niant ses qualités. Affirmer cela, d'une entreprise dont la raison sociale est d'apprendre aux gens à servir Dieu, paraît excessif. On n'en disconvient pas, bien qu'il ne faille pas rejeter le jugement qu'Amba Odouyoye porte sur les méthodes d'action de nouvelles Eglises.

Quoi qu'il en soit, leurs manières d'enseigner l'Evangile paraît avoir des affinités avec les pratiques des sorciers, précise-t-elle, à la suite de Blessie Haed : « *Nous subissons ou infligeons à d'autres une forme de cruauté qui est en réalité du mépris et qui semble tirer son origine des pratiques de la sorcellerie. C'est là une pression continuelle, une torture mentale qui réduit ses victimes à un état de terreur permanente. Lorsqu'ils se mettent à vous torturer, ils ne connaissent de limites, jusqu'à ce que vous perdiez la raison*[35]. »

Au commencement, ceux qui fréquentent les assemblées de certaines Eglises de réveil semblent portés par un fervent désir de rencontrer Dieu. Puis, on leur apprend peu à peu à rejeter ce que tout le monde considère comme le socle de la communauté, les us et coutumes codifiés par des sages, depuis la nuit des temps, concernant, par exemple: le respect dû aux parents, la solidarité familiale, etc. Le changement mental des fidèles se traduit par des discours peu courtois, arrogants, voire hostiles ou méprisants vis-à-vis des leurs qu'ils jugent brusquement impurs, magiciens ou sorciers et donc à éviter pour ne pas être contaminés par leur état d'âme ou pour ne pas se laisser prendre dans leurs filets des sorciers habiles. Ainsi les devoirs tels que prendre soin d'un parent, de son père et de sa mère, de son frère ou de sa sœur sont, selon l'enseignement de la « Fondation Oshwe-Olangui », **des servitudes**. S'absenter aux rencontres de famille, comme à l'occasion de la mort d'un parent, ou d'un mariage sera une expression de fidélité aux directives du pasteur; elles priment sur le commandement de Dieu qui nous demande d'honorer ses parents, de les assister. Ce n'est donc pas Dieu qu'on doit craindre mais le pasteur qui est plus grand et plus puissant que Lui.

---

[35] Faisons route ensemble. Rapport officiel de la 8e Assemblée générale du COE, sous la direction de NICOLAS LOSSKY,WCC publications, Genève, 1999,p.143

Le troisième niveau consiste en une transmutation statutaire d'un groupe de prière, subséquente aux modifications qui affectent l'identité de la personne de l'initiateur lui- même. En tant qu'animateur d'un groupe de prière, il porte le titre de berger, titre reconnu et confirmé par le curé de sa paroisse. Une fois que le groupe se transforme en Eglise, le berger cesse d'être berger, se sépare d'avec son curé et s'empresse de s'autoproclamer pasteur, patriarche, archevêque, évêque, prophète, voire Dieu. Dans certains cas, un pasteur d'une Eglise ancienne ou nouvelle lui confère, à la manière des Eglises protestantes, la consécration ministérielle ou l'ordination.

Avant d'inaugurer leur ministère, quelques-uns des pasteurs des nouvelles Eglises font une formation accélérée, souvent, en dehors du pays, « en sciences modernes de gestion de groupe et techniques de communication des plus en pointe. [36]» Ils en reviennent, chargés d'une mission et pourvus de pouvoirs nécessaires pour l'accomplir. Toutefois, c'est en « envoyé de Dieu » qu'ils se présenteront devant leurs adeptes !

c. L'origine du terme de réveil

Le terme de réveil appartient au vocabulaire du protestantisme français. On l'a donné au mouvement religieux qui s'était développé dans les Eglises protestantes de langue française, en réaction au rationalisme déiste du XVIIIe siècle. Il a été, comme l'on devait s'y attendre, à l'origine de nouvelles divisions à l'intérieur du protestantisme. La plupart des Eglises pentecôtistes ou évangéliques actuelles sont les héritières du réveil de la fin du XIXe siècle. C'est à la même famille que les Eglises qui se nomment Eglises de réveil prétendent appartenir. Mais où situe-t-on la ligne de démarcation entre une Eglise de réveil

---

[36] JEAN-MARIE ABGRALL, *La mécanique des sectes* ,Payot et Rivages, Paris, 1996,p.14

et une secte[37]? On se souvient que sous le régime du parti unique, plusieurs fois, on a défini les conditions que des groupes de croyants devaient remplir pour obtenir le statut d'Eglise. Si, actuellement toutes les nouvelles Eglises, quels que soient le nombre de leurs fidèles et la formation scientifique de leurs fondateurs, se nomment Eglises, cela s'explique, semble-t-il, par l'existence d'un flou dans la législation religieuse de beaucoup de pays dont le nôtre. On n'y distingue pas une Eglise d'une secte. Et l'on accorde indistinctement et sans examen approfondi la personnalité civile aux groupes de croyants qui s'attribuent le titre d'Eglise.

L'espace religieux que forment l'ensemble de ces Eglises de réveil remplit la fonction de matrice de nouvelles zones d'exercice de la liberté de parole. Il en existe d'autres plus anciennes, depuis les réunions des quartiers en passant par les lieux mortuaires, les CEB ou CEVB, les groupes de prières proprement dits jusqu'aux nouvelles Eglises[38]. Leur apparition et leur animation n'obéissent pas toujours à la rigueur d'une parole d'autorité venant d'une hiérarchie. Très souvent, c'est la spontanéité avec l'audace qui y tient plus de place, le tout mis, bien entendu, au compte de l'action de l'Esprit. C'est ainsi que se conçoit et s'organise la vie dans les Eglises de type pentecôtiste, dont celles de réveil.

Mais dans certaines des Eglises de réveil, il n'est pas facile de distinguer ce qui est de l'inspiration du Saint Esprit et ce qui est l'expression d'un sentiment purement humain. Nous y reviendrons lorsqu'il sera question de l'acte pastoral lui-même. Pour le moment, nous disons que l'enseignement et la pratique de

[37] Dans certains pays européens, la progression des sectes est rigoureusement contrôlée. En France, pays de liberté, cela a dû relever de la Mils (Mission interministérielle de lutte contre les sectes). Cet organisme a cédé la place à la Miviludes (Mission interministérielle de vigilance et lutte contre les dérives sectaires). En 4 ans, 1998-2002,la Miviludes a permis l'adoption de deux lois. La première permet à l'Etat français de contrôler les écoles hors contrat (1998). La seconde vise à réprimer les activités illégales des sectes, c'est la loi dite « Albert-Picard » promulguée en 2001. Cf. *Actualités de religions*,, n° 45, janvier 2003, p. 40

[38] Parmi les anciennes Eglises fondées par des Congolais, on peut citer l'Eglise Kimbanguiste, l'Eglise « Nzambi Malamo », la communauté Lumière.

certaines Eglises de réveil s'écartent beaucoup du mouvement pentecôtiste des années 1975.

Considéré sous l'angle ecclésiologique et œcuménique, le rapide passage des groupes de prière aux Eglises semble participer d'un projet pour le moins pervers, puisqu'il vient marquer, d'un coup d'arrêt, une expérience religieuse à peine commencée et un phénomène sociologique encore en ses débuts. L'une des marques de perversité, c'est la tendance de nouvelles Eglises à se doter, chacune, quelle que soit sa taille, sans base doctrinale cohérente ni nécessité pastorale contraignante, d'une structure ecclésiale complète, comprenant ministères et services correspondants. Les *conséquences* qui en résultent sont de trois ordres, *culturel, ecclésiologique et œcuménique* :
Conséquence culturelle[39] : Il s'avère impossible de démêler, dans le culte et l'enseignement des Eglises de réveil, les vrais enjeux de l'inculturation ou de ce qu'il faudrait mettre au compte de l'inculturation.

Quant aux *conséquences ecclésiologique et œcuménique*, ce n'est pas parce la structure de l'Eglise n'est pas monolithique, ce n'est pas parce que sa vie est polycentrique[40] qu'il faille exacerber pour les consacrer, ses divisions actuelles comme faisant partie de l'essence même du christianisme, en tant que mouvement historique qui a son origine en Jésus Christ.

C'est avec raison que l'on pense que sous le terme de réveil se cache *«une organisation plus ou moins secrète, régie par une discipline de fer dont le but est d'isoler chaque adepte de son milieu naturel, famille, réseau d'amis, et de le*

---

[39] Nous ne parlons pas de conséquences financières qui sont évidentes pour les adeptes qui sont sans cesse mis à contribution pour satisfaire les besoins du pasteur.
[40] MIROSLAV VOLF, « Une réponse protestante. Un nouveau congrégationisme » dans Concilium , 1996-265, p. .55-63.

faire dépendre en tout du gourou ou fondateur[41]. » Cela se vérifie chez les adeptes de la fondation Oshoué-Olangui dont beaucoup ont totalement rompu avec leurs frères et sœurs qu'ils accusent, à tort ou à raison, de sorcier désirant les tuer.

[41] JEAN-MARIE ABGRALL, Ib. *Les sectes et l'Eglise catholique. Le document romain.* Introduction de Jean VERNETTE délégué de l'épiscopat français. Présentation de 200 groupes religieux, Cerf, Paris, 1986, Voir « *Techniques de recrutement et formation, procédure d'endoctrinement* » p. 21-22. En RDC, on pense aux adeptes de la secte Oshooué- Olangui, devenus étrangers à leurs proches parents.

Chapitre 6. Recours à l'authenticité ou juste retour des choses

Nous devons nous souvenir qu'en RDC, la configuration de l'actuel phénomène religieux est en rapport avec les derniers grands événements de l'ère Mobutu, L'accueil réservé aux grands maîtres de la Franc-maçonnerie et de la Rose-croix ainsi qu'à un mystique italien porteur de stigmates n'était pas une première phase de recours à l'authenticité mais une grande illustration des contradictions qui entachent toute la politique des dirigeants africains dont Mobutu. Notez qu'en Afrique, l'adhésion à une spiritualité étrangère ne comporte pas d'obstacle à recourir au service de sages ou sorciers de son village. C'est ainsi que des devins ou sorciers peuvent se retrouver parmi les membres de la garde rapprochée des chefs d'Etat et d'autres dignitaires. Le même comportement entaché de contradiction se rencontre chez des prêtres et religieux en mal de croire en la toute puissance de Jésus Christ, vainqueur de Satan et de toutes les forces de mort.

Donc, la floraison de nouvelles Eglises en R.D.C. n'est ni un fait du hasard ni uniquement due au dynamisme du mouvement religieux mondial. Les premières formations religieuses, parmi les plus importantes, sont apparues dans *un contexte de crise généralisée* :

Crise politique d'abord: la génération de politiciens qui avaient obtenu l'indépendance ne répondit pas aux attentes des populations. Leur déception fut totale, elles ne trouvaient nulle part des raisons d'espérer.

Ensuite, crise culturelle: le recours à l'authenticité voulue par des politiciens et pour des fins politiques, fut suivi ici ou précédé là, de coups d'Etat militaires qui installèrent aussitôt des régimes politiques conduits par des dictateurs militaires s'appuyant sur un unique parti politique, censé servir de creuset à la cohésion et conscience nationale.

Enfin, crise religieuse affectant surtout les Eglises fondées par des missionnaires: l'africanisation des cadres ne fut pas partout une grande réussite; leur formation entreprise en l'absence de maîtres et de modèles fut laborieuse et onéreuse. Que de temps perdu ! Que d'énergies gaspillées ! En conséquence, furent longtemps à l'abandon d'immenses contrées qui étaient, autrefois régulièrement sillonnées, par des missionnaires et les premiers agents pastoraux africains ayant œuvré à leurs côtés.

Du point de vue religieux proprement dit, le mouvement de recours à l'authenticité fit remonter à la conscience individuelle les croyances et cultes de l'Afrique ancestrale, demeurés bien enfouis dans l'inconscient collectif. Ce fut le début de la résurgence du paganisme. Le réveil du paganisme ne signifie pas pour nous l'échec de l'évangélisation de l'Afrique par des missionnaires venus d'Europe que les historiens continuent d'appeler continent chrétien. Hélas! En dépit de ses 20 siècles de cohabitation avec le christianisme qui a remodelé toute sa culture, l'Europe chrétienne semble, à son tour, entrée dans l'ère du recours à l'authenticité. On y observe, ces derniers temps, des signes significatifs de résurgence du paganisme au point de penser, volontiers, qu'on se trouve en face d'un phénomène mondial, commun à tous les pays de vieille et jeune chrétienté.

Selon J. Vernette, on assiste en Europe au réveil d'anciennes *« religions nomadiques, celtiques, germaniques, druidisme*[42], etc. Le succès d'Haloween est en train de détrôner, dans l'univers des enfants, la fête chrétienne de la Toussaint. Il existe, chez les Européens, défenseurs du paganisme et promoteurs d'une religion païenne, la volonté de repaganiser des fêtes païennes autrefois

[42] Le XXIe siècle sera mystique ou ne sera pas.PUF 2002,p.114

christianisées[43]. Les causes de la renaissance du paganisme ne sont néanmoins pas les mêmes en Europe qu'en Afrique.

Sur le continent noir, le paganisme n'est jamais mort. Confronté à la culture de la puissance coloniale, il se refugia dans les abîmes de la conscience commune des tribus qui le sauvegardèrent comme le substrat de leur culture propre. Lorsqu'à la faveur de l'indépendance et du recours à l'authenticité, il ressurgit au grand jour, c'est pour investir toutes les dimensions de la vie individuelle et collective, puisque il constituait l'élément central et fondamental de toutes les cultures africaines.

Le paganisme ne sépare pas le sacré et le profane. Sa renaissance est aussi la renaissance des cultes et croyances de l'Afrique de nos ancêtres avec, dans son sillage, un regain d'intérêt pour l'irrationnel, pour la pensée magique et une remise en honneur du devin ou voyant dans la vie quotidienne. Généralement, comme aux temps de nos ancêtres, le devin ou voyant jouit d'une grande considération de la part de tout le peuple. Au XXIème siècle, il arrive que des tribunaux des secteurs de la période postcoloniale recourent au savoir d'un devin, afin de démêler et conclure des dossiers qui leur semblent complexes.

Le regain d'intérêt pour la pensée magique est, en amont, une préparation des esprits à facilement accorder du crédit aux divers marchands de religion, qui se réclament, tous, d'une révélation privée, reçue directement d'en haut ainsi qu'à tous ceux qui s'autoproclament prophètes des derniers temps. Ce crédit massivement accordé aux révélations privées entraîne, et c'est l'autre face de la médaille, un mépris pour la révélation historique sur laquelle s'appuie le ministère des Eglises d'origine missionnaire.

---

[43] Ibid. p. 106

Parmi les religions traditionnelles, il y en a qui évolueront jusqu'à se donner une forme d'Eglise, avec un corps clérical, qui sera une copie de la hiérarchie ecclésiastique catholique ou protestante et une organisation comprenant diocèses, paroisse, cellules pastorales, etc. Elles tiendront, comme les Eglises chrétiennes, leurs assemblées, le dimanche. Nous pensons ici aux formations religieuses comme NZAMBI MALAMU, BIMA, ECUSE(= Eglise chrétienne Union du Saint Esprit, fondée par un certain Gonda). On trouve aussi dans la prince du Kongo central, et, n'ayant aucun lien avec le tronc commun du christianisme, la BDK (BUNDU DIA KONGO= Eglise de Kongo) qui prétend apporter le vrai message du salut aux populations qui appartiennent à la zone culturelle correspondant au territoire de l'ancien royaume du Kongo. La même prétention est partagée par VUVAMU qui serait une branche de la BDK et se réclamerait de Simon Kimbangu.

Chapitre 7. Le paganisme d'Afrique Centrale

a. Ses caractéristiques

Le paganisme est partout polythéiste, sauf en Afrique centrale où il possède une riche hiérarchie d'êtres spirituels desquels se détache le Dieu unique, tout puissant, transcendant, inaccessible, juge suprême et impartial. En bas et proches de l'homme se trouvent les esprits et les mânes des ancêtres ; c'est à ces derniers qu'on voue régulièrement un culte. On les invoque en cas de maladies graves, chroniques, rares, nouvelles par leurs symptômes ou de maladies qui résistent à diverses thérapies appliquées par des experts de la médecine traditionnelle. On les invoque aussi en cas de graves conflits au sein d'un clan. L'univers des esprits et des mânes des ancêtres est accessible aux sorciers qui connaissent la façon de les approcher, le jour ou la nuit et l'heure où il convient de les invoquer, les vénérer, leur offrir sacrifice et oblation.

Un sorcier ne possède jamais un seul fétiche ; il rassemble, dans sa case, plusieurs statuettes, des corbeilles contenant de menues statuettes en bois et en terre cuite, coquillages, cornes d'animaux sauvages, peaux d'animaux sacrés, pots en terre cuite remplis d'un mélange de détritus desséchés et collés pour former un ensemble. Il n'est pas rare de trouver, derrière la case d'un sorcier, à quelques mètres dans la brousse, au pied d'arbrisseaux sacrés, une collection d'autres fétiches, les uns posés à même le sol, les autres réunis dans de grands pots en terre cuite, légèrement enfoncés pour le tenir en équilibre.

Chaque objet religieux est désigné par un nom qui, renvoie à un esprit. L'objet religieux symbolise un esprit. C'est à l'esprit que l'on adresse des incantations, offre des libations et sacrifices, tout en fixant ses yeux sur son symbole ; c'est sur le symbole qu'on verse les libations. Au cas où un sorcier ou féticheur serait aussi chef de son clan, il adresserait, en priorité, ses incantations aux mânes de ses ancêtres, et puis, à un ou plusieurs esprits. Ou il s'adresse aux uns et aux autres, à des heures différentes. En milieu traditionnel, l'authentique acte religieux revêt une forme polythéiste, puisqu'il est destiné non à un esprit unique mais à plusieurs ou à tous les mannes des ancêtres. Il requiert la croyance et non la foi-confiance que la tradition judéo-chrétienne réserve au Dieu unique, à l'Etre suprême et inaccessible.

b. La tentation du syncrétisme

Cet aspect de la religion traditionnelle qui privilégie la croyance au détriment de la foi peut facilement se retrouver, comme l'une des composantes de la religion de certaines Eglises de réveil et, aussi de celle des groupes catholiques de prière n'ayant pas, à leurs débuts, bénéficié de l'assistance d'un berger bien avisé, ni de la clairvoyance d'un prêtre, qui soit lui-même bien au courant de ce qu'est le renouveau charismatique catholique, ses méthodes de prier et de louer Dieu.

La piété des Eglises de réveil accorde une trop grande place à la croyance à Satan, aux mauvais esprits, aux sorciers et aux jeteurs de sorts. Leurs assemblées consacrent beaucoup de temps à chasser de mauvais esprits. Des fidèles frappent leurs pieds sur le sol afin d'écraser des esprits d'en bas; ils donnent des coups aux murs pour en expulser ceux qui s'y cacheraient; ils tournoient aux quatre coins cardinaux en poussant des cris aigus, dans l'espoir d'éloigner des esprits environnants et, en même temps, pour ériger, autour de leurs assemblées, des barrières infranchissables. Bref, ils se comportent comme si les mauvais esprits étaient pareils aux hommes faits d'un corps qui ne peuvent demeurer qu'en un seul endroit. Pour clôturer cette partie du culte réservée à la purification du local de prière et de ses environs, ils hurlent fort afin de purifier l'atmosphère et, d'en haut, faire descendre l'Esprit Saint qui, lui aussi, semble habiter très loin de notre terre. Où est Dieu dans toutes ces gesticulations et cris stridents ? Sous quelle formule se cache-t-elle la vraie et authentique prière chrétienne?

Nous voulons insister ici sur la complexité du mouvement religieux actuel qui, dans notre pays, a une multitude de facettes. Nous ne disons pas que toutes les Eglises de réveil représentent la phase contemporaine des cultes traditionnels. Mais quelques-unes d'entre elles sont des émanations des plus réussies de ces cultes traditionnels. Elles conserveront longtemps, dans leur enseignement et pratique, comme marque de l'époque et du lieu de leur naissance, des éléments cultuels et culturels, issus des religions traditionnelles. Des éléments provenant du terroir africain sont, sans être passés par un filtrage, mêlés à ceux du monde chrétien. Tous les emprunts chrétiens et traditionnels s'entremêlent à tel point qu'il y a risque de confondre une Eglise chrétienne avec tout rassemblement d'hommes et de femmes en uniforme, autour d'un chef spirituel.

Sans nous en apercevoir, un nouvel ordre religieux est en train de se mettre progressivement en place, différent de celui que nous avons connu jusqu'à la fin du XXème siècle. Ses effets pénètrent dans tous les milieux sociaux et atteignent les fidèles de grandes Eglises. Ils sont en passe de contribuer à façonner un type de chrétien autre que celui que nous avons connu jusqu'à la fin du XXe s.

Chapitre 8. Guérisons et miracles

a. Eglise, communauté thérapeutique

Un des acquis du renouveau dans l'Esprit ou renouveau charismatique est d'avoir contribué à la revalorisation d'une importante dimension de la nature et du ministère de l'Eglise : Celle-ci est une communauté thérapeutique et dans sa nature et dans son ministère. Ce qui est reconnu à l'Eglise appartient aussi à la foi. Ce n'est pas la croyance mais la foi en Jésus Christ qui est thérapeutique. C'est à cause de sa foi que l'Eglise est une communauté thérapeutique. Ce n'est pas seulement dans ses œuvres sanitaires que s'exprime la dimension thérapeutique de l'Eglise ou quand elle organise des célébrations axées sur la santé physique comme des séances de prière de guérison et de délivrance. De telles célébrations sont des temps forts que vit une communauté chrétienne réunie dans la foi, sous le regard de son Seigneur qui est le vrai médecin des âmes et des corps. Des chrétiens se rassemblent en vue de célébrer le salut et de rendre grâce à Dieu qui les comble de sa miséricorde. L'Eglise en tant que communauté de femmes et d'hommes qui croient est donc par essence thérapeutique. Sachant ce qu'elle est par essence, elle peut alors, de temps en temps, offrir à ses fidèles les occasions de vivre ensemble la présence miséricordieuse du seul Médecin qui guérit les maux du corps et ceux de l'âme. Dans la liturgie catholique, l'Eglise prie tous les jours pour la guérison et la délivrance de ses fidèles. Ceux qui sont attentifs, pendant la messe peuvent, avec piété, entrer dans la prière de toute l'Eglise, qui a son sommet dans le Notre Père : « délivre nous du mal » ou du mauvais (esprit)) qui cause des maux physiques.

b. Eglises polycliniques

Nous appelons Eglises polycliniques, celles qui se font remarquer par la conception qu'elles ont du culte chrétien. Il est uniquement focalisé sur la santé physique. A leurs assemblées arrivent des biens portants, des hommes et femmes qui se plaignent de quelque chose, dans leur corps. On répartit, en deux groupes hommes et femmes malades ou infirmes les uns seront soumis à un traitement en ambulatoire, les autres qui représentent des cas graves, seront retenus dans l'enceinte de l'Eglise. Ils bénéficieront de soins appropriés. Ils demeureront à l'intérieur du lieu du culte, durant le temps de leur traitement, jusqu'à leur guérison totale ou leur mort. Dans ces polycliniques inconnues de l'Etat, les décès ne sont pas rares *(en 2012, deux cousines germaines sont mortes dans l'enceinte d'une Eglise de réveil)* Les décès survenus dans ces polycliniques ne sont ni constatés ni confirmés par une autorité médicale compétente

Parmi les dirigeants des Eglises polycliniques, se rencontrent des femmes et des hommes initiés aux traditions thérapeutiques de l'Afrique ancestrale, des devins convertis en prophètes, puisqu'en régime chrétien, on ne parle pas de devins mais de prophètes. Des effigies des personnages plus ou moins connus ornent le mur qui est face à l'assemblée du lieu du culte ; ce sont des signes incontestables des racines chrétiennes ou ancestrales d'une Eglise polyclinique: on trouve l'effigie de Béatrice Kimpa Vita seule ou avec une représentation du Christ, de Simon Kimbangu seul ou avec un portrait de Gonda, ou d'un autre prophète peu connu, auteur d'un mouvement religieux ayant pris une forme ecclésiale.

Les séances de culte de guérison sont déterminées non pas suivant le calendrier romain mais suivant celui qui a été légué par les ancêtres. Dans le calendrier traditionnel de la zone culturelle Kongo, la semaine compte quatre jours, trois jours ouvrables et un jour chômé qui n'est pas le même pour tous les clans. Ils possèdent chacun son jour chômé pendant lequel on commémore les grands événements marquant ses origines, notamment l'investiture de son premier chef qui est aussi son fondateur. On choisit le jour chômé pour soigner et guérir certaines pathologies sévères qui requièrent l'assistance des mânes des ancêtres. On les invoque la nuit, à des heures bien déterminées et entourées de prières et de chants, dans lesquels s'entrechoquent le nom de Jésus, ceux des ancêtres et celui du prophète fondateur et patron de l'Eglise.

c. Des miracles uniquement

Des Eglises de réveil issues du renouveau charismatiques se comptent parmi celles qui ont la tendance à réduire le ministère de l'Eglise à cette seule dimension de thérapeutique. Elles l'ont tellement déformé que quelques-unes des Eglises de réveil vont jusqu'à se nommer « Miracles Center». Des fidèles qui s'y rendent poursuivent un seul objectif : ce n'est ni pour adorer ni louer Dieu mais pour se faire guérir de maux qui les affligent. La télévision montre des scènes de miracles de guérison. Des personnes malades ou infirmes sont groupées, dans un coin, devant ou au premier rang d'une assemblée. Par un simple toucher d'un pasteur souvent vêtu de blanc ou tenant d'une main un mouchoir blanc, des personnes touchées s'affaissent et tombent par terre en convulsant et en hurlant. Elles se relèvent ensuite, sautent de joie en louant Dieu, Elles sont guéries. Gloire à Dieu!

Il y a quelque chose qui gêne dans cette façon dont les miracles se produisent. On n'en trouve d'exemple ni dans l'histoire de Jésus lui-même, ni dans celles de ses Apôtres, ni dans celles des saints qui ont eu d'exceptionnels dons de guérison. En outre, d'un bout à l'autre de tous les quatre Evangiles, on ne trouve pas un seul passage où Jésus s'attribue la responsabilité d'un miracle ou annonce une prochaine séance de miracles. La plupart du temps, quand un miracle survient, Jésus le renvoie aussitôt à la responsabilité de celui qui en est le bénéficiaire: « Confiance ma fille, ta foi t'a sauvée» (Mt 9, 22) dit-il à la femme qui a été guérie d'hémorroïdes. Ailleurs, la responsabilité est attribuée à ceux qui ont pu hisser un infirme jusqu'auprès de Jésus: « Voyant leur foi, il dit au paralytique… » (Mt 9,1-8) Jésus pose ainsi non pas la condition nécessaire du miracle, mais la cause même d'un miracle, qui est la foi.

d. Tout fait extraordinaire est-il un miracle?

Tout fait qui, aux yeux des hommes, paraît extraordinaire est-il toujours un miracle produit par Dieu? Satan et ses serviteurs ne peuvent-ils en faire autant? Ils en font même des plus éclatants. Nous avons, dans la Bible, le cas des magiciens égyptiens au service de Pharaon. Sur ordre de Dieu, Moïse demanda à son adjoint Aaron de jeter son bâton, à terre, en face de Pharaon. Il se transforma immédiatement en serpent. Loin de s'avouer vaincu, Pharaon convoqua ses magiciens dont les bâtons se transformèrent aussi en serpent. Mais pour souligner la prééminence de la puissance de Dieu, l'auteur sacré prit soin d'ajouter que le bâton d'Aaron engloutit ceux des magiciens de Pharaon. (Ex.7, 8-12)

Les trois évangélistes synoptiques rapportent un autre exemple : une discussion opposant des pharisiens à Jésus, après la guérison d'un sourd muet (Mt12,22-30). Les pharisiens accusèrent Jésus d'être disciple de Béelzéboul, le prince des démons ou Satan. Sa réponse est particulièrement intéressante : Jésus fait une distinction entre les miracles qui sont opérés avec le concours des forces de mal ou de Béelzélboul et ceux qui se produisent par son ministère et l'assistance de l'Esprit Saint. Ces derniers sont comme toute l'œuvre de Jésus en rapport immédiat avec la venue du Royaume des cieux, qui est l'unique objet de sa mission sur terre. Leur signification est d'être des actes de contestation de l'emprise de Satan sur le monde et, en particulier, dans le cas présent, sur l'homme infirme. La restauration de sa santé abimée par le péché suggéré par Satan est un signe visible de la fin de sa domination sur l'homme et sur ses relations. Les miracles sont donc des actes de contestation de l'emprise des forces démoniaques sur l'humanité; ce sont elles qui, selon la conception des contemporains de Jésus, causent la maladie dans l'homme. Les miracles qui ont eu lieu le jour de sabbat, dans des synagogues, sont des actes de contestation du pouvoir de Satan et du légalisme des pharisiens. C'est de cela que témoignent ceux qui assistent à la guérison spectaculaire d'un démoniaque sourd muet: « *Frappées de stupeur, les foules disaient : « Celui-là n'est-il pas le fils de David? »… « Mais les pharisiens entendant cela dirent : « Celui-là n'expulse les démons que par Béelzélboul, le prince des démons.* » A cela Jésus répliqua: *« Et si moi, c'est par Béelzéboul que j'expulse les démons, par qui vos adeptes les expulsent-ils?...Mais si c'est par l'Esprit de Dieu que j'expulse les démons, c'est donc que le Règne de Dieu est arrivé jusqu'à vous. »(Mt 12,28)*

L'irruption de Dieu dans la vie d'un homme met brusquement fin à la domination des forces diaboliques qui le rendaient malade ou infirme. Pour lui, l'appel à la conversion devient personnalisé, direct et insistant. C'est pourquoi la chose la plus importante n'est pas seulement la guérison ou la délivrance mais aussi et surtout ce que devient le miraculé, après sa guérison ou sa délivrance. La façon dont il va évoluer dans sa foi et dans sa relation à sa communauté chrétienne sera le principal critère d'appréciation.

e. Foi et miracles

L'Evangile ne confond pas un simple signe avec un miracle. Les Evangiles rapportent, en gros, trois sortes de miracles : les uns exigent la foi, les autres sont des actes de contestation de l'emprise des forces du mal sur l'homme, d'autres encore sont des actes d'exaltation de la souveraineté de Dieu. Ceux qui exigent toujours la foi se produisent de façon presque naturelle, dans des assemblées de gens de foi, en prière. Dans son propre pays, à Nazareth, Jésus n'a accompli aucun miracle, mais il a guérit quelques infirmes en leur imposant la main, *« il s'étonnait de leur manque de foi.»* (Mt 13,58)

Un miracle n'est pas une sorte d'attestation du degré de sainteté de quelqu'un. Il peut être, pour celui qui en est le bénéficiaire un signe d'appel à la conversion ou à plus de générosité. Entre 1989-1992, était arrivé à Kinshasa un prêtre de nationalité canadienne, missionnaire du Sacré Cœur, le père Emiliano Tardif[44], un grand charismatique guéri miraculeusement de la tuberculose, en 1973. Il obtenait de Dieu, suivant sa propre manière de parler, des guérisons qui avaient souvent lieu pendant la prière d'action de grâce, à la fin d'une célébration eucharistique. Il passait avec le saint sacrement parmi des fidèles ; après cela, il le déposait sur l'autel. Demeurant debout et dans la prière, bien recueilli, de temps en temps, il annonçait les signes de guérison qu'un membre de l'assemblée ressentait dans son corps. Il arrivait, quelquefois, à donner, avec précision, l'âge de la personne qui était en train de guérir, le nombre d'années où il est malade, le nom de sa maladie, l'organe malade dans son corps et, d'une voix presque suppliante, invitait la personne concernée à se lever, à témoigner de sa guérison et à rendre grâce à Dieu. Quand il s'agissait d'un cas de cancer, il obligeait la personne guérie, avant de témoigner de sa guérison, à obtenir de son médecin la confirmation de sa guérison.

Lors de son passage dans la province du Kongo central, en RDC, on a organisé des assemblées de prière, dans chacune des cathédrales. Des témoins racontent

---

[44] Voir son livre, Jésus est le Messie. Sous-titre: les aveugles voient, les boiteux marchent…,Pneumathéque, Société des Œuvres communautaires,1989

qu'il y a eu des signes extraordinaires. Il y aurait même eu une guérison, celle d'un paralytique de naissance. Arrivé à l'assemblée de prière sur sa chaise roulante, il en est reparti, debout, marchant comme tout le monde sur ses deux jambes. Mais plutôt que de rendre grâce à Dieu en priant avec toute sa famille, il a choisi de passer la nuit, avec des amis et parents, dans un bar, à boire et à danser jusqu'au petit matin où brusquement sa liesse s'est transformée en amertume : il est redevenu ce qu'il avait toujours été depuis sa naissance et a donc été obligé de se remettre sur sa chaise roulante pour regagner son domicile. Chaque fois qu'on rappelle cette guérison de courte durée, me reviennent aussitôt à l'esprit les paroles de Jésus à l'infirme qui a été guéri, près de la piscine de Bethesda: le rencontrant quelques jours plus tard, il lui dit : « Te voilà guéri, ne pèche plus, de peur qu'il ne t'arrive pire encore. » (Jn. 5, 14)

Chapitre 9. La prospérité matérielle, signe de bénédiction ou d'élection divine ?

a. 1 Sources bibliques

Le thème de la prospérité matérielle comme signe de la bénédiction divine réservée aux chrétiens serait, selon ses promoteurs et utilisateurs, l'une des dimensions du christianisme récemment redécouverte et remise en valeur par les Eglises de réveil. Elles reprocheraient aux anciennes Eglises d'avoir longtemps laissé de côté le thème de la prospérité matérielle, qui est souvent présentée comme une bénédiction de Dieu dans l'Ancien Testament. La raison de leur oubli ou de leur négligence serait d'avoir longtemps mal appréhendé l'identité chrétienne : elles se sont bornées à expliquer les devoirs du chrétien en oubliant ses droits inaliénables d'enfant royal. L'acquisition de la prospérité matérielle est autant une faveur divine qu'un des droits fondamentaux du chrétien. Par son baptême, le chrétien acquiert le statut d'enfant du roi. Son père est le Dieu créateur et propriétaire de tout ce qui existe dans l'univers. En tant qu'enfant de Dieu, le chrétien a donc droit à tout. Selon l'idéologie de la prospérité matérielle comme signe de bénédiction divine, le chrétien est en droit de s'appliquer les paroles de Jésus parlant de ses rapports avec Dieu, son père : « *Tout ce qui est au père est à moi.» (Jn. 16,15)*

Mais l'identité chrétienne, comme telle, justifie-t-elle, pour une créature humaine devenue par le baptême enfant de Dieu, le droit de s'attribuer ces paroles de Jésus que rapporte l'évangéliste Saint Jean? Par son baptême, la créature humaine serait-elle hissée jusqu'au rang de l'unique Fils de Dieu, au point de prétendre être, en droit, son égal? Trouve-t-on dans l'histoire des premiers chrétiens des exemples de cette pratique de la foi considérée avant tout comme moyen d'acquérir des biens matériels?

a.2 Sources non bibliques

L'une des sources auxquelles s'abreuveraient ceux qui transforment le ministère pastoral en un moyen d'accumuler des richesses matérielles considérées comme signe d'élection divine, serait ce courant spirituel, venu des USA qui se nomme le NEW AGE ou Nouvel Age. Il se mêle à la religion chrétienne qu'il déforme pour la mieux détruire, puisque le NEW AGE est, pour l'essentiel, une sorte contemporaine de gnose aussi dangereuse, pour la foi chrétienne, que celle qu'avaient combattue les premières générations de chrétiens. Selon Louise L.HAY qui est l'un de ses représentants, on doit rejeter parce que trop nuisible et absurde cette idée communément reçue qu[45]' « *on gagne de l'argent à la sueur de son front.*» Elle invite, en revanche, son lecteur à se dire en tout temps et en tout lieu: « *ma prospérité provient de tous et de partout*[46]. » ou « *je prends mon bien où je le trouve.* »[47] Et lorsqu'on se trouve en face de quelque chose de beau, « *je mérite ce qui existe de mieux et je l'accepte*[48].» Nous laissons au lecteur le loisir de commenter, pour lui-même, chacune de ces citations afin de se faire un jugement personnel et justifié. Il voudra bien confronter chacune d'elles ou toutes réunies à ce qu'il connait de la morale chrétienne commune aux Eglises anglicanes, catholiques, orthodoxes et protestantes. Qu'il recherche à tout interpréter d'une manière autonome, par lui-même et non en se basant sur des jugements d'autrui.

---

[45] Transformez votre vie, éd. Vivez soleil, Genève, 1990, p. 170
[46] Ibid.
[47] Jean Vernette, Nouvelles spiritualités et nouvelles sagesses, éd. Bayard, 1999,p. 191
[48] Louise L. Hay, ibid. p.169

b. La pastorale à la lumière de l'idéologie de la prospérité matérielle.

Pour les grandes Eglises, la foi nait de la parole qu'on entend ; elle est dite par quelqu'un d'autre, différent de celui qui entend. Dieu parle le premier, il appelle, choisit et envoie en mission. (Rm 10,14-15,17**)** Ceux qui sont appelés au service de l'Evangile sont institués collaborateurs de Dieu et donc coresponsables du développement de l'homme et de tout l'homme. Ce sont-là des éléments essentiels d'un acte pastoral. Son objectif principal est de faire connaître la personne de Jésus Chris**t,** à travers son message. Il est un service de Dieu et du prochain et donc, de promotion des valeurs morales. L'Evangile de Jésus Christ est porteur de vie, parce qu'il annonce non seulement le salut mais aussi une vie abondante, à tous ceux qui l'accueillent. L'Evangile ne s'oppose pas à la Loi de Moïse mais en donne le sens plénier ou l'accomplit, car il n'y a qu'un seul grand commandement de Dieu : «*…tu aimeras le Seigneur, ton Dieu de tout ton cœur, de toute ton âme, de toute ta force et de tout ton esprit ; et ton prochain comme toi-même. »(Lc. 10,27, selon la version de la B J)* Saint Jean commente cela de manière directe : « *celui qui n'aime pas son frère qu'il voit ne peut pas aimer Dieu, qu'il ne voit pas.* (1Jn. 4,20) Si le service de Dieu et celui du prochain ne sont plus à l'horizon de l'acte pastoral, celui-ci s'en trouve modifié dans sa nature même. Il se conçoit, désormais et s'organise uniquement en vue de fournir au pasteur ou annonciateur de l'Evangile les preuves de son élection divine, dont l'opulence matérielle est le signe le plus visible et incontestable,

Dans leurs rapports avec les fidèles, les pasteurs de nouvelles Eglises, à cause de à l'idéologie de la prospérité matérielle, donnent l'impression d'obéir moins à l'Esprit Saint qu'à l'esprit du monde. C'est lui, en effet, qui les conduit à insister davantage sur la quête de l'argent, du succès, de la renommée et de l'accumulation de biens matériels.

Tel que nous pouvons le connaître par les Evangiles, le christianisme qui est organiquement lié à la personne de Jésus de Nazareth et à son histoire ne semble pas contenir des éléments favorisant la formation de l'idéologie de la prospérité matérielle. Seuls, à notre avis, le désir humain de ressembler à tout le monde ou de faire comme tout le monde, la recherche du bien-être matériel, du confort, du luxe, l'ambition ou l'envie d'être l'objet d'attention de tout le monde etc., voilà ce qui justifie l'annexion de cette idéologie à la pratique de la religion chrétienne.

En effet, sur quoi se base-t-on quand on affirme de quelqu'un qu'il a réussi sa vie? N'est-ce pas sur ce qui se voit à l'œil nu, son avoir matériel: habillement, maison(s) véhicule(s). Bref ! Sa position sociale qui entraîne un certain train de vie. Tous les critères d'appréciation sont extérieurs, visibles et vérifiables par tous, aucune considération pour les valeurs morales ou spirituelles qu'on ne voit pas. C'est ainsi que l'on distingue, en général, ceux qu'on hisse au rang de V.I.P. Alors que parmi eux peuvent se dissimuler des assassins ou criminels peu connus, des voleurs, bref tout un monde de sans foi ni loi. Ne compte que ce qui est visible et vérifiable. Or à force d'insister sur les réalités visibles on oublie les réalités invisibles qui, elles, sont éternelles (2 Co 4,18). En outre, comment le Dieu unique et Tout Puissant régnerait-il sur ceux qui choisissent de se placer sous l'autorité d'autres dieux, comme le pouvoir et les richesses matérielles?

Sous l'influence de l'idéologie de la prospérité matérielle, la prédication change de conception et d'objet. Prenant son point de départ loin du kérygme qui est la proclamation- profession de foi de l'Eglise, à travers les siècles: *« Christ est mort pour nos péchés, selon les Ecritures…Il a été enseveli…Il est ressuscité le 3ème jour selon les Ecritures* » 1 Co 15,3-4) elle revêt la forme d'une exhortation où s'entrechoquent, comme des slogans, une suite de versets bibliques dont le commentaire aura comme point d'orgue: ***« Dieu a un plan merveilleux pour***

***vous»* et** cet autre souvent dit en lingala: « *sambila makasi, Nzambi a ko sala* » qui se traduit en français : **« *Persévère dans la prière, Dieu agira OU Dieu fera tout* pour vous».** Serait-ce, dans le langage des Eglises de réveil, la traduction de l'ordre de Jésus à ses disciples: « *Cherchez d'abord le Royaume de Dieu et sa justice et tout le reste vous sera donné par surcroît* (Mt 6,13)? Mais, dans la religion de nouvelles Eglises, la recherche du « reste » semble primer sur celle du Royaume de Dieu. Et on doit reconnaître qu'on se trouve ici très loin de la devise bénédictine: *«ora et labora»* « prie et travaille » qui fait partie de l'héritage commun des grandes Eglises.

Dès lors qu'on se décharge sur Dieu sa responsabilité de gagner son pain à la sueur de son front, pourrait-on se préoccuper de contribuer au développement de sa société, ou de rechercher des solutions aux problèmes communs de tous ses membres, afin de promouvoir l'harmonie entre tous? Pour nous ***« sambila makasi, Nzambi a ko sala »* est l'un des slogans qui ont des effets *dévastateurs sur les populations*** qui ne sont pas entièrement sorties de l'âge de la cueillette.

A cause de l'idéologie de l'idéologie de la prospérité matérielle, on réserve une place importante dans l'organisation du culte, aux offrandes; appel continuel fait aux chrétiens de s'acquitter de leur obligation de payer la dîme. Il existerait une tarification des bénédictions et prières qu'un pasteur serait appelé à faire, en dehors du culte ou à domicile des fidèles. Le tableau de tarifs pourrait aller de 10 à 500$ pour une première catégorie et de 500 à 1000$ pour une seconde catégorie. Or, cette façon d'animer la vie des fidèles ne semble-t-elle pas comporter le risque de faire naître en eux **une idée du salut qui serait quelque chose à marchander avec Dieu** ? Le salut ne serait plus une grâce qu'il faille obtenir moyennant la foi; la grâce elle-même cesserait d'être grâce, don gratuit et gratuitement donné par Dieu. Mais elle se transformerait en un produit négociable entre l'homme et Dieu. La seule condition à remplir pour être sauvé ou garantir son salut serait de posséder beaucoup d'argent, afin d'en donner davantage à l'Eglise, **comme si Dieu accordait sa grâce en proportion à ce qu'on lui offre…**

Enfin, dans le déroulement du culte, l'idéologie de la prospérité matérielle ne détermine pas seulement la place des offrandes mais aussi le sens et l'importance de la musique: des instruments coûteux, une sonorisation imposante, des chants et des danses ; tout cela, afin que durant et après le culte, chaque fidèle, même le plus pauvre, puisse de lui-même et pour lui-même expérimenter l'une des idées force de Louise L.HAY[49] : « *Pour moi, la véritable richesse commence par le fait de se sentir bien dans sa peau.* » Enfin signalons un dernier effet de l'idéologie de la prospérité matérielle est d'amener les adeptes à focaliser leur prière sur l'obtention de biens temporels: protection contre des sorciers, embauche, mariage, voyage, acquisition d'un logement etc.

Nous voudrions, à présent, vous donner quelques exemples, des faits réels qui nous ont été racontés, afin de faire mieux comprendre notre point de vue concernant les modifications causées par l'idéologie de la prospérité matérielle, à l'enseignement et à la pratique des Eglises de réveil.

c. EXEMPLES

Voici le premier exemple: une religieuse de l'ordre bénédictin alla passer quelques jours de vacances chez sa jeune sœur, ancienne enseignante de primaire, qui avait vécu quelques années de vie commune avec un riche homme d'affaires. De cette union étaient nés trois enfants. En entrant chez sa sœur, la bénédictine fut très étonnée d'y trouver beaucoup d'austérité. Elle n'y voyait

[49] Ibid.p. 170

plus le mobilier et la vaisselle qu'elle appréciait. Elle savait aussi que pendant que sa sœur était enseignante, et, avant sa séparation d'avec l'homme d'affaires, elle s'était procuré beaucoup de biens et d'autres jolis objets qui ornaient l'intérieur de son habitation: des fauteuils en «wengué», un magnifique tapis persan, une table de salle à manger en bois noir, des chaises garnies de peau de léopard, une garde-robe et un lit en «n'kamba», des draps en lin de Norvège, un matelas « Dux». Tout ce qui était beau et luxueux avait disparu et, à la place, au salon, on trouvait une petite table et des fauteuils en plastique ; à la salle à manger, trois chaises, une toute petite table, une maigre vaisselle et quelques gobelets, le tout en plastique. La vie de sa sœur avait complètement changé, depuis son adhésion à une Eglise de réveil. Elle qui se faisait, jadis, remarquer par son goût du luxe, son amour de la bonne chair, son sens critique et son esprit d'indépendance. On ne la reconnaissait plus. Elle était devenue très sobre, hostile aux boissons alcoolisées, docile, presque naïve, prête à tout croire, que cela sorte ou non de la bouche de son pasteur. Elle le croyait fermement comme elle accueillait toute parole de la Bible. Depuis sa conversion, elle s'était donné l'obligation de s'enquérir de l'avis de son pasteur, avant d'entreprendre la moindre initiative.

Les vacances des bénédictines ne durent pas; elles sont de quelques jours. Etant sur le point de retourner à son monastère, à l'heure de diner, la religieuse s'était permise de partager avec sa sœur, les questions qu'elle se posait concernant l'avenir de leur famille, l'entente entre sa sœur et leurs deux plus jeunes frères qui n'habitaient pas loin de chez elle. Avec grande franchise, la dame avoua à sa sœur que sa maison était une cause de conflit entre elle et l'un des frères. Il la convoitait. Plus d'une fois, il avait menacé de la vendre, à l'insu de sa propriétaire, « Qui de vous deux conserve les documents de cette maison ? » demanda la religieuse. La réponse tomba à pic : « Ni lui, ni moi mais le révérend pasteur». La religieuse se rendit compte, cette fois encore, que le pasteur avait le contrôle sur toute la vie de sa sœur ; elle risqua une question : « Me permets-tu d'aller les récupérer ? » La réponse fut: « Fais-le, avant que tu ne repartes d'ici, tu sais bien que je suis malade ; j'ai besoin d'argent pour me faire soigner. Pour en obtenir, je n'ai pas d'autre solution que de vendre la maison.»

La rencontre avec le pasteur fut très instructive. Une fois, en sa présence et dans son salon, elle comprit que son intention d'aller le rencontrer était d'inspiration divine: elle put voir de ses propres yeux et apprendre par elle-même où était parti tout ce qui était sorti de chez sa sœur. Elle reconnut, au salon, la plupart des objets qui embellissaient l'intérieur du domicile de sa sœur. Revenue à la maison, elle demanda à sa sœur: « Pourquoi tout cela est-il sorti de chez toi ?» Elle lui apprit que son pasteur ressemblait au prophète Balaam, fils de Béor, homme au regard pénétrant.(Nb.24,3). « Il m'annonça, un jour, que tout ce que j'avais acquis avant ma conversion était habité par de mauvais esprits. Je devais donc m'en dépouiller pour ne plus m'exposer aux sollicitations des démons.»

Il n'y a pas longtemps qu'on m'a raconté le deuxième exemple, il est donc récent. Il s'agit d'une jeune fille. A la fin de ses études en coupe et couture, elle préféra le plus vieux métier du monde à celui de couturière. Elle estimait que le premier métier était de loin plus rentable, parce que la demande était très forte et que tous les clients payaient cache.

Un soir, à l'heure où elle regagnait son domicile, elle croisa une adepte de la secte « Oshoué-Olangui». Entre les deux femmes s'engagea une conversation fortement animée. Cette première rencontre fut suivie de plusieurs autres au cours desquelles la fidèle de la secte exhortait la fille à sortir de la prostitution et à adhérer à sa croyance. La fille resta longtemps très hésitante; elle redoutait une chose: l'abandon de la prostitution risquait de la replonger dans la pauvreté, puisqu'elle n'avait pas d'autres moyens de gagner facilement sa vie.

De plus en plus convaincante la fidèle de la secte réussit, au bout de quelques mois, à obtenir l'accord de la fille qui accepta d'aller avec elle au culte de ce soir-là. La période d'initiation ne fut pas trop longue puisque la nouvelle convertie se montrait très assidue. Elle assimilait très rapidement cantiques et prières propres à la secte « Oshoué-Olangui». La direction locale de la secte jugea qu'elle était suffisamment mûre et prête à devenir membre du groupe d'élites de la secte, celle de femmes du « combat spirituel». C'est à ce moment que le pasteur de la secte remarqua sa présence. Il la convoqua, le jour suivant, à son bureau pour une première cure d'âme. Il la conclut en lui intimant l'ordre de lui apporter, en vue d'exorciser, tout ce qu'elle avait acquis par la prostitution: bijoux et habits. La fille obéit, espérant récupérer, après quelques jours, ses bijoux et habits purifiés de toutes les traces de péché et de son commerce avec de mauvais esprits. Mais, au culte du premier dimanche du mois, elle eut la surprise de reconnaitre ses bijoux, au cou, aux oreilles et aux poignets de l'épouse du pasteur, et, une de ses robes sur le corps de sa fille. Elle se dit en elle-même: c'était peut-être là le moyen de les purifier. Donc ses bijoux et habits étaient redevenus immaculés. Une question vint à son esprit: pourquoi le pasteur ne les avait-il pas remis à sa propriétaire? Combien de temps devait-elle encore attendre? Elle attendit la fin de culte qui, ce jour-là, lui sembla durer une éternité, alors que tout en elle bouillonnait; elle réfléchissait sur la façon dont elle allait, comme une tigresse, bondir en direction du pasteur et lui réclamer tous ses biens.

Beaucoup apprécient la méthode de travail des pasteurs des Eglises de réveil, ils savent pratiquer la pastorale de proximité. Dans ce troisième exemple, nous reconnaitrons aisément les éléments significatifs de la pastorale de proximité dans la pratique des pasteurs de nouvelles Eglises. Une fidèle d'une Eglise de réveil travaillait dans un magasin appartenant à des Libanais. A chaque fin du mois, elle était honorée de la visite de son pasteur. Cela se répéta tous les mois jusqu'au jour de la mort inopinée de son mari. Dans de pareilles circonstances on s'attend à revoir parmi ceux qui viennent prendre part à son épreuve, en premier lieu, son guide spirituel, puis parents, amis et connaissances. La femme s'attendait à revoir son pasteur parmi les premières personnes qui venaient compatir à son malheur. Mais ni le jour des funérailles de son époux, ni durant la période de son veuvage, elle n'eut l'agréable surprise de revoir chez elle, ne fut-ce que quelques minutes, le visage de son guide spirituel. Elle se faisait des soucis, elle se demandait si son pasteur était absent, en voyage ou malade ou s'il avait estimé insuffisante la dernière dîme qu'elle lui avait offerte, avant le décès de son mari.

Son congé de circonstances fut d'un mois et de quelques jours. Elle reprit son travail avec l'espoir de revoir son pasteur, à la fin du mois. Mais, comme un malheur ne vient jamais seul, le premier jour où elle avait recommencé à travailler, elle apprit de ses camarades que la société dans laquelle ils travaillaient avait changé de propriétaire. Tous redoutaient une restructuration qui pouvait entraîner une réduction de postes de travail et donc un licenciement de plusieurs d'entre eux. Quelques-uns avaient, d'ailleurs, reçu des lettres signifiant aux uns un changement de poste, aux autres un licenciement sans préavis.

Dans l'après-midi de ce premier jour de la reprise de travail, elle fut convoquée au bureau du directeur du personnel. Il l'accueillit très chaleureusement, lui représenta ses condoléances. Il enchaîna en louant ses qualités professionnelles et son application au travail. Pendant qu'il lui parlait, il montrait, par sa mine, qu'il était peiné de lui annoncer une mauvaise nouvelle, celle de la mettre elle-aussi, au chômage. Aussi, voulant la rassurer, lui promit-il de l'aider: « je vous donnerai une lettre de recommandation pour mon ami qui est le directeur général d'une grande firme, l'une des rares sociétés multinationales qui a son siège social, à Kinshasa. Ses actions sont cotées en bourse, à Frankfort, Londres, Paris et Singapour, avec, chose très rare, en cette période de récession économique, un bénéfice net, depuis 10 ans, en croissance soutenue. C'est pourquoi dans les pays où elle possède des filières, elle engage, chaque année, 85% des jeunes diplômés sortant des universités et instituts supérieurs ». Tout en lui parlant il lui tendit une enveloppe contenant la lettre à son ami. Il lui indiqua le chemin qu'elle devait suivre pour arriver à son bureau : « Alors, lui dit-il, pour joindre rapidement le bureau de mon ami, vous prendrez le métro Kasa-vubu jusqu'à l'arrêt Sans-fils; vous monterez ensuite dans le métro Mobutu-Munongo qui vous conduira jusqu'au croisement Lumumba-Kabila; là, vous prendrez l'escalier de droite; en sortant de la bouche du métro, vous verrez devant vous un grand building en marbre brun et le nom de la société », qu'il n'osa pas prononcer: « VRC s. a. r. l. (=vie en rose aux chômeurs s. a r. l.) » Bien qu'elle eût reçu, à titre d'indemnités de fin de service, une volumineuse enveloppe, elle fut néanmoins, très peinée en sortant du bureau du directeur du personnel.

Le soir, revenue chez elle, elle fit ses comptes et prit grand soin de mettre de côté la dîme qu'elle offrirait, le dimanche, à son pasteur qu'elle ne revoyait plus, comme auparavant, avant la mort de son époux

Pendant qu'elle ruminait divers mauvais souvenirs, elle entendit frapper à sa porte. C'était une de ses amies d'enfance qui venait lui rendre visite. L'amie l'embrassa avec beaucoup de chaleur, elle s'excusa de n'avoir pu être à ses côtés pendant toute la période où elle pleurait son mari. Elle était partie à Dubaï. C'était seulement hier soir qu'elle était revenue. Les deux amies s'assirent et se mirent à se donner mutuellement des nouvelles. La veuve lui fit part de tous ses malheurs. Elle n'y comprenait rien, Dieu lui semblait très loin et sourd à ses lamentations. Son amie la réconforta le mieux qu'elle put et lui conseilla, avant de la quitter, d'aller rencontrer le curé de la paroisse catholique qui n'était pas très loin de son habitation. Elle lui rappela qu'elle avait été baptisée, bébé, dans l'Eglise catholique. Aller rencontrer un curé catholique signifiait pour elle, revenir à la maison, à l'Eglise de son enfance.

Le surlendemain, elle résolut d'aller frapper à la porte du curé. Il l'accueillit comme l'une des chrétiennes qui fréquentaient son église. Une fois, mise en confiance, elle vida tout son sac. Le curé lui sembla très affable, car il l'écouta avec grande attention. Puis, après quelques mots de réconfort et d'encouragement, il lui proposa un poste de travail, à la grande basilique qui était son église. II était, en effet, à la recherche d'une sacristine. Il pensait que c'était-là, un bon moyen de l'aider à sortir rapidement de son chagrin que lui causait sa double épreuve, le décès de son époux et son licenciement sans préavis. Elle pouvait s'occuper de l'église, le jour suivant ou, au plus tard, dans une semaine. Et, si elle le désirait, elle pourrait, dans l'avenir, recommencer les leçons de catéchèse pour compléter son initiation chrétienne. Elle ne tarda pas à apprécier son nouveau mode de vie et en même temps elle comprit pourquoi elle ne revoyait plus chez elle, le pasteur, parce qu'elle était devenue, à ses yeux, un figuier verdoyant, mais dépourvu de figues…

Dans ce quatrième et dernier exemple, il sera de nouveau question d'une femme. Elle n'est pas célibataire, ni divorcée, ni veuve mais épouse d'un officier des FRADC (Forces armées de la RDC), entré très jeune sous le drapeau. Au QG (quartier général) des FRDC, on applique à la lettre ce qu'enseigne la sagesse populaire: les voyages forment la jeunesse parce qu'ils ouvrent ses horizons en lui offrant des occasions de rencontrer divers peuples et cultures. Le jeune officier était porteur d'un diplôme d'études supérieures et, à cause de ses qualités humaines et intellectuelles, il attira rapidement l'attention de ses chefs hiérarchiques. Ils en informèrent le QG et proposèrent en conclusion, de l'envoyer se former dans des académiques militaires, en dehors du pays. La cause étant bien présentée reçut rapidement l'approbation du QG qui précisa les disciplines à étudier et les académies susceptibles d'assurer une bonne formation. Mais au QG, on voulut s'assurer d'une chose: il voulait savoir si le concerné était marié ou célibataire. Heureusement pour le jeune officier, il était marié. Alors, on lui demanda de se rendre au QG, la semaine suivante pour retirer son ordre de mission.

Son premier lieu de formation fut une école militaire égyptienne, l'académie militaire du Caire. Le cycle d'études de trois ans fut bouclé avec succès. Au vu d'excellents résultats que le jeune officier avait obtenus, ses chefs jugèrent bon de l'envoyer continuer à se perfectionner, dans deux autres académies militaires d'Europe, en Allemagne et au Royaume Uni. A la fin de ce long séjour d'études faites, en dehors de son pays, il espérait revoir les siens. Vint hélas! du QG, au lieu d'un billet de retour, un nouvel ordre de compléter sa formation théorique par des stages, de 8 à 12 mois, à effectuer l'un aux USA et l'autre en Israël. A la fin des fins, le jeune officier qui aspirait revenir à son pays, fut nommé attaché militaire à la mission diplomatique de son pays, au Brésil. A son retour au pays, il eut la responsabilité de coordonner, au QG, plusieurs services spéciaux, sous la direction immédiate du chef d'Etat major. Il était plus que son adjoint.

L'harmonie fut parfaite entre l'officier et son épouse, pendant la première année de leur retour au pays. Leurs enfants s'adaptaient rapidement à l'ambiance de Kinshasa. Mais pendant que le matin, le mari rejoignait son bureau, au QG, et en sortait tard le soir, sa femme s'était laissé prendre aux filets d'une Eglise de réveil. Après qu'elle eut pris part à quelques séances de prière et d'enseignement, on lui annonça la date et l'heure où elle devait avoir un premier entretien avec le pasteur, sous forme de cure d'âme.

En concluant la cure d'âme, le pasteur lui annonça qu'il était obligé, avec trois de ses collaborateurs, de se rendre à son domicile afin de le délivrer de mauvais esprits et il précisa : « Je vois ma sœur, que vous et vos enfants êtes, sous l'emprise de plusieurs mauvais esprits, et cela depuis longtemps. Ces mauvais esprits doivent avoir établi leur résidence dans des meubles et autres objets se trouvant dans votre maison; il va falloir les purifier et trier ce qui est proprement à vous et ce qui, bien qu'acheté par vous est un bien d'autrui ou qui, pour devenir un bien à vous, mériterait d'être exorcisé. Cela se fera en plusieurs séances de prière. D'habitude et selon la discipline de notre Eglise, les séances d'exorcisme ont lieu de 0h à 3h30 du matin. Vous comprenez ma sœur, qu'une partie de vos biens seront sortis de chez vous; ils seront conservés dans l'enceinte du temple, pendant le temps nécessaire à leur purification. Ce que je vous dis ma sœur, est très important: l'Eglise a l'impérieuse obligation d'assurer l'équilibre de votre foyer. Il nous faut agir d'urgence afin d'éviter que votre mari ne rencontre des difficultés dans son travail. Cette nuit, j'ai eu un songe pas du tout bon : Dieu m'a montré un groupe d'officiers plus ancien que lui se concerter entre eux; ils avaient de très mauvaises intentions, puisqu'ils cherchaient comment lui rendre la vie difficile, au QG. Oh ! Ma sœur, qu'est-ce que j'entends? En ce moment-ci, l'Esprit me dit que vous-même êtes, depuis plusieurs années, atteinte d'une infestation diabolique généralisée. Celle-ci a commencé de vous envahir, pendant votre jeunesse et avant votre mariage. Jusque maintenant, votre mari en est encore préservé, mais…on ne sait jamais! Prévoir, c'est gouverner! Au risque de me répéter: nous devons agir vite pour lui éviter toute contamination. Nous devons faire tout ce qui est en notre pouvoir afin de prémunir votre foyer contre toute éventualité… De ce long entretien avec le pasteur, la femme ne dit aucun mot, le soir, à son mari. Elle préféra conserver tout cela dans son cœur, le méditant jour et nuit, pour sa propre délivrance.

Tous les matins, chez l'officier, le programme était le même: l'école pour les enfants et leur père à son bureau, au QG. Seule madame restait à domicile. Ce jour-là, un seul point figurait sur son agenda : attendre la visite du révérend pasteur. Elle se mit à scruter tous les mouvements de la rue sur laquelle était assise leur habitation. Le voilà au coin de la rue! Il vint en compagnie de 4 jeunes gaillards qui ressemblaient à des boxeurs professionnels de la catégorie poids lourd.

Une brève prière rapidement dite, sur le seuil de la maison, servit d'introduction. « Nous devons agir vite pour ne pas éveiller leur attention (de mauvais esprits), lança-t-il, en donnant une accolade à l'épouse de l'officier. Il ne s'assit pas; il se mit à arpenter salon, corridors, chambres, bureau, cuisine, garage et magasin, posant sur chaque chose un regard d'inquisiteur, brillant tantôt d'envie, tantôt de cupidité. Avec frénésie, il marqua d'un trait de craie blanche chaque objet qu'il convoitait. En quelques minutes, il termina son inventaire avec un sourire aux lèvres, parce que son compte était au-dessus de ses attentes.

Il sépara, en deux parts, tout ce qu'on devait sortir : d'un côté des meubles et autres objets qui exigeaient un long traitement. Il prit soin de rassurer la dame : « Ne craignez rien ma sœur, tout sera bien gardé dans l'enceinte du temple, 24h/24 sous la vigilance des gardiens professionnels de notre Eglise. On ne les distingue pas des autres fidèles, parce qu'ils sont discrets mais très efficaces. C'est dans le temple que nous procéderons à la désinfection de tout ce qui est proprement à vous. Elle se fera, en 12 séances, à raison de deux séances par semaine. Chaque séance me vaudra, comme préparation, deux jours de jeûne à sec; le jeûne du second jour sera prolongé par une veillée de prière. Vous comprenez que cela est très épuisant.»

De l'autre côté, « Tous les biens d'autrui que vous avez acquis par ignorance ou manque de discernement spirituel et, qui doivent donc être, par nos soins, restitués aux vrais propriétaires. Ma sœur, je ne dis pas que vous et votre mari êtes coupables de fraude ou de vol ; mais il est possible que vous ayez, de bonne foi, acheté certains objets chez des voleurs ou recéleurs. De toute façon, nous allons prier et l'Esprit nous indiquera la vraie destination de chaque objet. Quand nous aurons terminé toute cette phase, c'est alors que nous passerons à la seconde et dernière phase qui commencera, pour moi et toute mon équipe d'intercesseurs, par trois jours de jeûne et de supplications. Au soir du troisième jour, nous serons enfin prêts à revenir à votre domicile pour le débarrasser de tout ce qui pourrait vous causer des ennuis et, dans votre foyer et dans le travail de votre mari, au QG. La cérémonie ne sera pas trop fatigante pour vous, puisque vous ferez une seule veillée de prière, de 22h à 6h du matin, cela trois nuits de suite.» Pour conclure ce long prêche à la femme de l'officier, il téléphona à quelqu'un qui vint très rapidement, avec un camion de 10 tonnes. Il fit trois tours, pour transporter tout ce qui était sorti du domicile de l'officier.

Revenus de l'école les enfants crurent s'être trompés d'adresse. Ils ne reconnurent plus le domicile familial. Vite, ils en ressortirent, craignant d'éveiller l'attention des voisins. Avertie par leurs bruits leur mère surgit du fond de sa cuisine et les héla: «Hé, revenez, c'est ici chez nous!» Ils n'en crurent pas leurs yeux. L'intérieur de leur habitation ressemblait à un tombeau vide et chacune de leurs chambres à la caverne d'Ali Baba. Ce fut une grande désolation. Ils fondirent tous en larmes et s'enfermèrent tous ensemble dans une chambre jusqu'au retour de leur papa.

Ce jour-là, il rentra, à la maison, plus tôt que d'habitude. Peut-être était-il alerté par son sixième sens. En ouvrant la porte il faillit tomber à la renverse, n'eût été sa discipline de militaire. Entre les deux époux, le dialogue tourna vite court.

Suivit un bref moment de silence, puis la maison résonna de longs sanglots assourdissants, entrecoupés de cris stridents. Pour sauver ce qui pouvait être sauvé, il fallait réagir vite, Le militaire traîna son épouse jusqu'à la portière de sa voiture.

Tous les deux se rendirent au temple du pasteur qui y était encore… Ils ne récupérèrent que la moitié de tout ce qui était sorti, le matin, de leur habitation. Le reste avait pris une direction connue de Dieu seul et de son fidèle serviteur qui affirmait n'avoir jamais agi de son propre gré, mais toujours en obéissant à la voix de l'Esprit; un serviteur de Dieu, insista-t-il, agit toujours sur un ordre venant d'en haut.

De retour chez eux, les deux époux se murèrent dans un profond mutisme. La nuit fut longue et le sommeil dépourvu de rêves. Au 4e chant du coq, l'officier s'empressa de sortir du lit, réveilla ses enfants, les aida à faire leur toilette, apprêta leur petit déjeuner et les conduisit à l'école.

Il revint chez lui pour avoir un bref et ultime entretien avec son épouse qui avait, en une nuit, perdu la moitié de son poids. Elle comprit qu'à cause de sa naïveté elle avait fait voler en éclat les plus belles années de leur vie commune. Rien d'important ne restait de tout ce qu'elle et son mari avaient construit, au prix de beaucoup de sacrifices, et durant des années passées, à l'étranger.

Obligé de regagner le plus vite possible son bureau, au QG, afin de faire part, à ses chefs, de tout ce qui lui était arrivé, il coupa court à l'entretien par ces mots qui exprimaient tout son dépit: « Dans cette maison, tu n'as plus ta place, fais tes valises et va chez ton pasteur, vite, je vais fermer ma maison ».

.

Que dire ou penser de ces exemples? Chaque exemple nous renseigne sur la compréhension de la religion séparée de l'éthique. La confession de la foi dépourvue de toute intention de promouvoir les valeurs morales, désoriente l'acte pastoral. Détourné de sa fin première qui est l'honneur de Dieu, l'acte pastoral devient uniquement un service des intérêts matériels de son auteur. Le service de Dieu et celui du prochain sont d'un même *et* seul mouvement, car il n'y a qu'un grand commandement de Dieu : «… T*u aimeras le Seigneur, Dieu, de tout ton cœur, de toute ton âme, de toutes tes forces et de tout ton esprit; et ton prochain comme toi-même.*» (Lc. 10,27) Saint Jean interprète cela de manière directe : « *celui qui n'aime pas son frère qu'il voit, ne peut pas aimer Dieu, qu'il ne voit pas.(1 Jn 4,20)*

d. « Etre au service ou se servir de l'Evangile »

Telle qu'elle se présente, l'idéologie de la prospérité matérielle qui détourne l'acte pastoral de son objectif principal, porte atteinte à l'identité chrétienne; elle influe aussi sur le culte lui-même. Pour celui qui prend au sérieux l'Evangile, lui serait-il possible de proposer une définition du chrétien sans qu'il ne se retrouve en face d'une autre question, celle que Jésus lui-même posait autrefois à ses disciples : « *Et vous, que dites-vous que je suis*?» (Lc. 9, 20). La réponse de l'Apôtre Pierre formulée, au nom de tous les autres, est intéressante ; mais plus intéressant encore est le commentaire du Maître qui fait suite à la réponse du disciple. On pourrait en retenir deux éléments: d'une part, les conditions requises pour devenir un disciple de Jésus : « *Si quelqu'un veut venir à ma suite, qu'il renonce à lui-même et prenne sa croix chaque jour et qu'il me suive.» (Lc.,* 9,23) D'autre part, dans le prolongement de son commentaire, Jésus parle de lui-même, du modèle particulier de Maître qu'il est par rapport à toute possession matérielle: « *Les renards ont des tanières et les oiseaux du ciel des nids, le Fils de l'homme, lui, n'a pas où poser la tête.*» (Lc. 9,58). Se trouvent là, étroitement liées l'identité du chrétien et celle de son Sauveur et Seigneur. Celle du disciple et celle de son maître qui définit aussi les conditions pour devenir son disciple. On n'est jamais disciples de soi-même; on se dit disciple par rapport à un maître. Et par son étymologie grecque, le terme de chrétien, « *christianos* », adepte du Christ, est dérivé du grec « *Christos*» « *Oint* » qui se traduit en français Christ. Le nom de chrétien fut, la première fois, donné aux disciples de Jésus de Nazareth à Antioche, au moment où, dans cette ville, la communauté de chrétiens se distinguait clairement du monde juif, on ne l'assimilait plus à une secte du Judaïsme.

Le disciple du Christ ou le vrai chrétien devrait savoir que celui qui agit dans le seul but d'amasser des richesses matérielles se fait administrateur de Satan, qui, pour tenter NS, a osé lui dire, après lui avoir montré les royaumes du monde et leur gloire: « *…je te donnerai tout le pouvoir et la gloire de ces royaumes…si tu te prosternes devant moi, ...» (Mt 4,9)*

Un disciple du Christ qui ne chercherait qu'à plaire, là où, son Maitre a été humilié et méprisé; ou un disciple qui choisirait, de n'être pas traité comme l'a été son Maitre, pareil disciple qui « *se conduit en ennemi de la croix* » (Ph.3, 18) mériterait-il de se dire encore disciple du Maître? Qui pourrait nous redire, avec le ton et l'accent d'un chrétien juif de la première génération, ces paroles de l'Apôtre des gentils à ses chrétiens de Corinthe : « *Non, je n'ai rien voulu savoir parmi vous, sinon Jésus Christ, et Jésus Christ crucifié.* » (1 Co.2,2)

Un peu plus loin dans le même contexte, l'Apôtre parle de la manière dont il vit, depuis qu'il est devenu un disciple de Jésus de Nazareth: « *A cette heure encore, nous avons faim, nous avons soif, nous sommes nus, maltraités, vagabonds (ou sans domicile fixe) et* ***nous peinons en travaillant de nos mains****...*» (1 Co.4, 11-12). Saint Paul énonce-t-il ici un choix librement fait par lui-même et son compagnon Barnabé ? Ou Enonce-t-il une exigence évangélique diversement comprise par les missionnaires de son époque? Au ch.9 de la même lettre aux Corinthiens, il rappelle les dispositions de la Loi de Moïse concernant le ministre de l'autel (v.13) ainsi que les instructions du Seigneur lui-même à ses disciples (v.14): à tous les annonciateurs de l'Evangile, d'une part, interdiction de passer de maison en maison, d'autre part, obligation de demeurer dans la maison qui les accueille, et, donc, de partager les conditions de vie de ses hôtes (Lc 10,7) et cela, afin d'éviter de rechercher à tout prix le confort.

Ce qui ressemble à un choix libre et personnel est en réalité une exigence évangélique. Elle est la condition nécessaire pour sauvegarder la pureté de l'Evangile et pour le missionnaire et pour les évangélisés. *« C'est pour ne créer aucun obstacle à l'évangile du Christ.» (1Cor 9,12)* affirme Saint Paul. Ailleurs, dans sa lettre à ses chrétiens de Thessalonique, il précise qu'il travaille de ses mains, parce qu'il désire donner un exemple: qu'ils le prennent pour leur modèle: « *…nuit et jour, nous avons travaillé pour n'être à la charge d'aucun d'entre vous. Bien sûr, nous en avons le droit ; mais nous avons voulu être pour vous* ***un modèle à imiter****.(2 Th,3,8-9)* Dans la vie en société et dans n'importe quel domaine du savoir, on a besoin de maîtres autant que de modèles. Le missionnaire s'interdit, en prêchant et en pratiquant l'Evangile, d'y faire des ajouts qui pourraient faire assimiler toute son action à une recherche de satisfaire ses intérêts matériels. L'annonce de l'Evangile doit être essentiellement un témoignage de foi vécue. C'est pourquoi, le Seigneur lui-même prévient ceux qui s'engagent à l'annonce de son Evangile: qu'ils aient confiance en Dieu. Il veille sur eux parce qu'ils valent « *mieux que tous les moineaux du monde.* » (Mt 10,30) Mais aucun ne tombe à terre sans qu'il ne lui permette. C'est cela suivre le Christ jusqu'à la croix ou porter chaque jour sa croix.

A la parole de la croix, la réponse est précisément de nous renvoyer à la foi nue en un Dieu nu, crucifié et mort. Ainsi dans le 3e exemple, le seul motif valable de l'absence du pasteur au domicile de la femme éprouvée, c'était la peur de percevoir la croix dans la situation de sa fidèle, qui la portait, en ce moment-là, sur ses épaules d'épouse. Alors que le Maître qu'il prétend servir ordonne à tous ses disciples de porter, chaque jour, leur croix, le pasteur a manqué ou de courage ou de volonté de porter la croix, en solidarité, avec sa fidèle qui avait perdu son époux.

A toutes les époques, la croix a été une pierre d'achoppement, parce que la prise de conscience radicale de la foi chrétienne se fait à partir de la croix qui laisse la foi nue, sans aucun appui, en ce monde, sinon la croix elle-même, cette proclamation permanente de la mort d'un Dieu dont la mort annonce la mort des divinités ou des idoles et de la croyance qu'on leur voue.

La foi chrétienne commence là où Satan et ses fidèles serviteurs croient triompher. C'est en cela qu'elle est subversive. Le Christianisme, en tant que religion vivante est une réalité dangereuse, parce qu'il conteste tout ce qui n'est pas lui-même. Il ne s'identifie à aucune des formes qu'il peut prendre, à travers son histoire. C'est de cette foi-là, semble-t-il, que l'Apôtre Jean dit qu'elle a vaincu le monde (1 Jn. 5, 4)

S'il arrivait qu'une communauté chrétienne évacue de son enseignement et de sa pratique la croix comme unique critère de son authenticité, elle perdrait inévitablement son identité chrétienne. Elle deviendrait, sous l'étiquette chrétienne, une sorte d'institution sociale destinée à satisfaire les intérêts matériels de ses dirigeants qui, à cause de cela, perdraient leur capacité d'émettre une parole critique contre la situation sociale qu'ils vivent ou contre le dire et l'agir des puissances temporelles de leur pays. Malheureusement pour eux, leur silence ne les innocenterait pas pour autant. Il les accuserait plus fort encore qu'ils ne puissent le penser, car il serait une preuve de leur complicité avec ceux qui, friands de pots de vin, bradent, sans le moindre remords, les richesses naturelles de leur pays et laissent leurs concitoyens s'enfoncer, de jour en jour, dans la clochardisation.

Aussi sommes-nous amenés à dire, à la suite de Martin Luther: « dans le Christianisme, la croix prouve tout.» La croix est un critère permanent de séparation du Christianisme d'avec ce qu'il n'est pas, notamment ses propres formes religieuses et séculières comme par exemple, une culture chrétienne ou une œuvre chrétienne. Et en ces temps qui sont les nôtres, la croix est un critère de séparation d'avec le Christianisme syncrétiste, parfois sentimental et hostile à la révélation historique, qui est celui de certaines Eglises de réveil.

CONCLUSION

Les débuts du XXIe s auront été, en RDC, une époque de grande effervescence religieuse. Nuit et jour on prie, on chante. Partout se forment des Eglises. Pour les signifier comme émanant toutes d'un seul mouvement, les uns parlent d'explosion, les autres de floraison d'Eglises. La plupart de ces Eglises se veulent héritières du courant spirituel pentecôtiste. Elles sont proches des Eglises protestantes et se rangent toutes sous un label unique de réveil. Elles sont donc chrétiennes et se réclament de Jésus Christ qu'elles confessent comme leur Dieu et Sauveur.

A la faveur des indépendances et du mouvement culturel de recours à l'authenticité, ont commencé à ressurgir croyances et cultes de l'Afrique de nos ancêtres. Les groupes d'adeptes s'organisent sous l'autorité d'un chef spirituel. Il y en a qui, sans revendiquer un lien avec le christianisme, prennent la forme et le titre d'Eglise. Elles empruntent, aux Eglises de réveil, structures ecclésiales, agenda liturgique, agencement cultuel. Elles font aussi, à leur manière, usage de la Bible. Leurs dirigeants se donnent le titre de pasteur, de prophète, de chef spirituel…

La nouvelle religion chrétienne qui est celle de beaucoup d'Eglises de réveil semble s'écarter du christianisme traditionnel sur de nombreux points doctrinaux. Nous en relevons quelques-uns parmi ceux qui nous paraissent les plus importants:

1. Crédit excessif accordé aux révélations privées. La nouvelle religion chrétienne semble accorder plus d'importance aux rêves et révélations privées qu'à la Révélation historique, ce solide socle sur lequel s'édifie, à travers les siècles, l'existence, l'enseignement et la pratique de toutes les Eglises chrétiennes issues de l'action des missionnaires. C'est à cause de

leur fidélité à la Révélation historique et en dépit de leur désunion, elles sont toutes de l'unique Eglise fondée par Jésus Christ de Nazareth. Ce qu'elles croient et enseignent n'est pas de leur invention, ni des inspirations privées, mais elles croient, sur la base du témoignage donnés par les Apôtres de Jésus Christ. Leur enseignement prolonge et réactualise le témoignage rendu, autrefois, à Jésus Christ par ses Apôtres, et, aujourd'hui, contenu dans le Nouveau Testament.

2. Conception douteuse de la transcendance de Dieu unique et de la nature propre de la grâce. On prie en criant. On ne demande pas mais on exige la grâce, comme si elle n'était pas un don gratuitement accordé par un Dieu souverain, redoutable, bien qu'amour et miséricordieux. On ne supplie pas mais on semble en priant donner des ordres à Dieu, comme font des sorciers qui, dans leurs incantations, vont jusqu'à invectiver des esprits ou les mannes des ancêtres.

3. On trouve parmi les responsables des Eglises de réveil, des pasteurs autoproclamés, prétendant avoir reçu leur mission comme leur vocation directement d'en haut, donc d'une révélation privée ou d'un rêve. Ils sont autonomes. Sans aucune autorité hiérarchique. En conséquence, ils ne se soucient guère de prêcher un Evangile pur ou de ne commenter que des extraits du texte biblique. Il n'est pas rare que des pasteurs autoproclamés développent, à partir d'extraits bibliques édulcorés un enseignement qui soit un mélange d'éléments tirés de croyances et cultes de l'Afrique ancestrale d'une part, et d'autre part, de théories qui prétendent enseigner les voies du bonheur, d'un bonheur essentiellement terrestre.

4. « *Montre-moi ta qualité humaine et je te montrerai ton Dieu » a* dit Théophile d'Antioche[50].On se permet de rappeler un fait historique : ce ne sont pas des rois ou empereurs qui ont crée la civilisation européenne, mais des moines dont la vocation est de prier sans cesse. Ils vivent du travail de leurs mains et passent toute leur vie, entre quatre murs. Voici un exemple pour corroborer cela : en Belgique, puissance coloniale de la RDC, les grandes marques de bière comme Chimay, Leffe, Orval etc sont liées aux noms des abbayes (couvent des moines) qui les ont inventées. Cela étant L'idéologie de la prospérité matérielle, signe de bénédiction ou d'élection divine annexée au christianisme n'est pas une innovation mais une véritable corruption qui menace de dénaturer son identité. Si, en effet, le thème de la prospérité matérielle appartenait à l'héritage chrétien traditionnel, on en trouverait des traces dans l'enseignement et la vie du Christ lui-même, de nombreux exemples dans la vie de ses Apôtres, des pères et docteurs de l'Eglise ainsi que dans celle de nombreux saints connus. Au contraire, dans ce qu'on connait de leur vie et des leur enseignement, on y remarque qu'ils n'avaient guère « *en vue leurs intérêts personnels* » mais ceux de « *Jésus Christ* ». (Ph 2,21) Ils semblent tous nous redire avec Saint Paul, que le chrétien a une seule ambition: c'est de « *connaître* Jésus Christ, *la puissance de sa résurrection et la communion à ses souffrances», «*bref!» «*de devenir semblable à lui* «jusque» *dans sa mort…* » (Ph 3,10) On reconnait en cela la place et l'importance de la croix comme l'unique critère d'authenticité de la vocation chrétienne. Elle est le critère de séparation entre le christianisme et ce qui ne l'est pas. Ce ne sont pas les intérêts matériels de l'homme mais son salut que recherchent les Eglises historiques. Leur mission vise à mettre le baptisé sur la voie de sa croissance humaine et spirituelle. *« La gloire de Dieu, c'est l'homme vivant* » a enseigné, un père de l'Eglise,

[50]en Belgique qui a supériorité de la foi chrétienne sur les croyances païenne

Saint Irénée de Lyon, au 2e s de notre ère. Cela veut signifier un homme en bonne santé physique et psychique, soucieux autant de ses intérêts individuels que du bien-être général de sa communauté. Voilà ce qui est la gloire de Dieu, qui est le terme de l'acte pastoral.

A côté des Eglises de réveil qui s'affirment chrétiennes et les formations religieuses qui s'attribuent abusivement le titre d'Eglise, sont entrées dans le pays une multitude de spiritualités ou mystiques issues des horizons divers, d'Europe et d'Asie. Elles recrutent de préférence parmi les classes dirigeantes, du pays et parmi les futurs cadres en formation. Elles prétendent ouvrir à leurs adeptes une voie au pouvoir spirituel, économique et politique. Mais, à bien considérer ce que devient notre société, on ne peut pas éviter de s'interroger sur la qualité d'un tel pouvoir. Serait-il autre chose qu'une énorme capacité à nuire aux intérêts de sa nation? N'est-ce pas ainsi qu'il faille l'appeler, quand on voie, dans tous les secteurs de la vie nationale, les indicateurs clignoter en rouge?

TABLE DES MATIERES

Printed by Books on Demand GmbH, Norderstedt / Germany